2023年鲁迅美术学院人文学院人文社科研究项目
中央专项经费支持资助项目

辽宁长城沿线文体旅融合发展示范地研究

马雪 著

中国戏剧出版社
CHINA THEATRE PRESS

图书在版编目（CIP）数据

辽宁长城沿线文体旅融合发展示范地研究 / 马雪著.
北京 : 中国戏剧出版社, 2025. 4. -- ISBN 978-7-104
-05635-5
Ⅰ. K928.77；F592.731
中国国家版本馆CIP数据核字第202528D5U4号

辽宁长城沿线文体旅融合发展示范地研究

责任编辑：赵宇欣
责任印制：冯志强

出版发行：中国戏剧出版社
出 版 人：樊国宾
社　　址：北京市西城区天宁寺前街2号国家音乐产业基地L座
邮　　编：100055
网　　址：www.theatrebook.cn
电　　话：010-63385980（总编室）　010-63381560（发行部）
传　　真：010-63381560

读者服务：010-63381560
邮购地址：北京市西城区天宁寺前街2号国家音乐产业基地L座

印　　刷：北京鑫益晖印刷有限公司
开　　本：787mm×1092mm　1/16
印　　张：10.25
字　　数：135千字
版　　次：2025年4月　北京第1版第1次印刷
书　　号：ISBN 978-7-104-05635-5
定　　价：66.00元

版权专有，违者必究；如有质量问题，请与出版社联系调换。

前　言

辽宁段长城这条蜿蜒于燕山至鸭绿江之间、横跨辽宁13个地级市的雄伟"M"形巨龙，不仅承载着千年的历史沧桑，更是辽宁乃至全国宝贵的文化遗产。其总长2350公里，长度居全国前列，跨越了12个历史时期，从战国至明代，每一砖每一瓦都诉说着丰富的历史故事与文化变迁。近年来，随着文化旅游产业的兴起，辽宁充分利用其丰富的长城资源，加速推进长城国家文化公园的建设。在此背景下，本书结合辽宁新时代"六地"精神，从多个维度对辽宁长城沿线的文体旅融合发展进行了全面而深入的研究。

本书首先详细阐述了辽宁长城的历史地位与文化价值，揭示了其在中华文明史上的重要地位和独特贡献。同时，通过对沿线地区文体旅产业发展现状的梳理，本书揭示了文体旅融合发展的现状、典型案例与成功经验，以及面临的挑战与机遇。在构建策略方面，本书提出了一系列切实可行的建议，包括制定明确的战略目标与规划、完善政策体系与保障措施、整合沿线地区文体旅资源、推动文体旅产业深度融合、鼓励技术创新与模式创新、加强基础设施建设与提升公共服务水平等。这些策略旨在促进辽宁长城沿线文体旅产业的深度融合与高质量发展。

此外，本书还通过国内外成功案例的对比分析，结合辽宁本地的实际情况，验证了构建策略的有效性与可行性。同时，通过实地调研与数据分析等方法，对构建策略进行了实证研究，为辽宁长城沿线文体旅融合发展提供了有力的数据支撑与实证依据。最后，本书总结了辽宁长城沿线文体旅融合发展的经验与教训，提出了促进文体旅融合发展的对策建议，并展望了未来的发展前景与趋势。本书认为，在辽宁新时代"六地"精神的指引下，辽宁长城沿线文体旅融合发展将迎来更加广阔的发展空间和更加美好的发展前景。

目 录

第一章

引 言

第一节　背景介绍 / 003

第二节　研究意义 / 016

第三节　研究目的 / 022

第二章

辽宁新时代"六地"精神解读

第一节　打造国家重大战略支撑地 / 027

第二节　打造重大技术创新策源地 / 031

第三节　打造具有国际竞争力的先进制造业新高地 / 035

第四节　打造现代大农业发展先行地 / 040

第五节　打造高品质文体旅融合发展示范地 / 044

第六节　打造东北亚开放合作枢纽地 / 047

第三章
辽宁长城沿线文体旅融合发展问题分析

第一节　战略规划与顶层设计问题 / 055

第二节　资源整合与配置问题 / 058

第三节　产业融合与创新问题 / 061

第四节　基础设施与公共服务问题 / 063

第五节　文化传承与品牌建设问题 / 066

第四章
辽宁长城沿线文体旅融合发展示范地构建策略

第一节　战略规划与顶层设计 / 071

第二节　资源整合与优化配置 / 077

第三节　产业融合与创新发展 / 081

第四节　基础设施建设与公共服务提升 / 094

第五节　文化传承与品牌建设 / 100

第五章
案例分析与实证研究

第一节　成功案例分析 / 109

第二节　实证研究 / 119

第六章
结论与展望

第一节 研究结论 / 129

第二节 展望未来 / 136

结束语 / 143

参考文献 / 145

附 录 辽宁长城沿线文体旅融合质量提升调查 / 149

第一章

引 言

第一节　背景介绍

一、辽宁长城的历史地位与文化价值

长城，作为中华文化的缩影与象征，其深远的意义远不止于作为一道攻守双方的界限，它更是民族融合与交流的历史起点，承载着中华民族五千多年的智慧与梦想。鲜为人知的是，地处山海关外的辽宁，竟然是中国境内长城资源的富集之地，有多达12个朝代的长城遗迹如织锦般纵横交错在这片辽阔的大地上，见证了历史的沧桑巨变与民族的坚韧不拔。

在这片意义非凡的长城遗迹中，有一条位于大连金州地区的长城格外引人注目。与其他横亘千里、雄伟壮观的长城相比，它的长度只有不到15里，但它却是辽代唯一留存至今的长城，因此被誉为中国"最短的长城"。尽管它的长度有限，但它却跨越了漫长的历史岁月，从辽代到明清，近千年的历史变迁都在这道短短的长城上留下了深深的烙印。它见证了历史的沧桑巨变，也承载着中华民族的坚韧与智慧，成为中华民族不屈不挠、自强不息精神的象征。

辽宁长城在中国历史与文化中占据着举足轻重的地位。其丰富的历史遗迹和文化价值不仅深刻体现了中华民族的智慧与勇气，也生动见证了多民族融合与交流。作为万里长城的重要组成部分，辽宁长城的历史源远流长，可以追溯到战国时期。那时，燕国已将长城修至辽宁境内（春秋战国时期，辽宁地区属于燕国），为抵御外敌、保护疆土立下了汗马功劳。此后，经过秦、汉、明、清等多个朝代的不断修缮，辽宁长城逐渐形成了今天我们所见的壮丽景观。它蜿蜒曲折，跨越山川，见证了无数历史风云的变幻，成为中华民族坚韧不拔、自强不息精神的永恒象征。

辽宁长城不仅仅是一道物理上的防御工事，更是一个包含烽燧、戍堡等设施的完整军事体系，是古代军事战略和工程技术的杰出代表，展现了中华民族的智慧和创造力。

除此之外，辽宁长城还是多民族文化融合的见证者。在历史上，长城内外各民族在这里交汇融合，形成了丰富多彩的多民族文化景观。辽宁境内的长城资源丰富多样，从战国时期的燕长城到明清时期的明长城，不同历史时期的长城遗存都见证了多民族在辽宁地区的融合与发展。这种文化的交流与融合不仅丰富了辽宁地区的历史文化内涵，也为中华民族多元一体的形成过程增添了浓墨重彩的一笔。辽宁长城成为中华民族多元文化融合的重要象征，展现了中华民族兼容并蓄、和谐共生的精神风貌。

辽宁长城沿线还分布着大量文物遗址遗迹、名城名镇名村以及非物质文化遗产等中华优秀传统文化资源。这些资源不仅为后人提供了宝贵的历史研究资料，也让我们能够更加深入地了解辽宁长城的丰富历史和文化内涵。从古代的城池、关隘到近代的战争遗址，它的每一处都承载着厚重的历史记忆和文化价值。这些珍贵的文化遗产不仅见证了辽宁长城的辉煌历史，也为我们传承和弘扬中华优秀传统文化提供了重要的物质载体和精神支撑。

同时，辽宁长城还具有极高的爱国主义教育价值。通过参观长城遗址、了解长城历史，我们可以深刻感受到中华民族的伟大劳动创造精神和爱国热情。长城作为中华民族的象征之一，见证了中华民族的坚韧不拔和自强不息。了解长城的历史和文化可以增强我们的民族自豪感和凝聚力，激发我们为祖国的繁荣富强而努力奋斗的决心。在未来的发展中，我们应该将辽宁长城作为重要的文化资源进行开发和利用，推动文化与旅游的融合发展，为辽宁地区的经济社会发展注入新的活力。同时，我们也应该加强对辽宁长城的保护和修缮，让这一珍贵的历史文化遗产得以永续传承，其蕴含的民族精神得到发扬光大。

二、辽宁长城沿线地区文体旅产业发展现状

辽宁长城沿线地区的文体旅产业发展呈现出蓬勃发展的态势，具体体现在以下几个方面。

首先，在政策支持与项目推动方面，辽宁省政府展现出了对文体旅产业发展前所未有的重视。通过精心制定并出台一系列政策措施，如《辽宁省文旅产业高质量发展行动方案(2023—2025年)》和《辽宁省支持文旅产业高质量发展若干政策措施》，为文体旅产业的深度融合提供了强有力的政策保障。这些政策措施不仅具有前瞻性和全局性，还充分考虑了辽宁地区的实际情况和发展需求，为辽宁文体旅产业的蓬勃发展奠定了坚实的基础。

在政策的具体实施上，辽宁省政府注重市场主体的培育，通过提供财政支持、税收优惠等政策措施，鼓励更多的企业和个人参与到文体旅产业的发展中来。同时，政府还加大了对重点项目的建设力度，通过投入大量的资金和资源，推动了一批具有示范意义和带动作用的文体旅项目落地实施。这些项目不仅丰富了辽宁地区的旅游市场，还提升了当地的经济活力和竞争力。近年来，得益于政策的积极引导和支持，辽宁长城沿线地区吸引了大量的投资，多个重大文体旅项目相继落地生根。例如，在2024辽宁省高品质文体

辽宁长城沿线文体旅融合发展示范地研究

旅融合发展大会上，全省共有30个重大文体旅项目进行集中签约，总金额高达532亿元。①这一数字不仅彰显了辽宁文旅产业的巨大潜力，也预示着其未来发展的无限可能。这些项目的成功落地不仅极大地丰富了旅游市场，为游客提供了更多元化的旅游选择，也显著提升了当地的经济活力，为辽宁的经济社会发展注入了新的动力。

同时，辽宁省政府还注重旅游品牌的创建和扩大消费。各种文旅活动的举办，推广了辽宁地区的特色文化和旅游资源，提升了辽宁在国内外的知名度和美誉度。此外，政府还加大了对公共服务的投入力度，完善了旅游基础设施和服务体系，为游客提供了更加便捷、舒适的旅游环境。

其次，在资源开发与业态创新方面，辽宁长城资源的丰富性和多样性为文体旅产业的发展提供了得天独厚的条件。从战国时期的燕长城到明清时期的明长城，不同历史时期的长城遗存如同历史的见证者，静静诉说着多民族在辽宁地区的融合与发展。这些珍贵的长城资源不仅具有深厚的历史文化价值，也为文体旅产业的创新发展提供了无尽的灵感和可能。

辽宁长城沿线地区充分利用这一独特优势，积极培育文化和旅游新业态。例如，露营主题文旅项目、智慧文旅装备等新兴业态的涌现，为游客带来了全新的旅游体验。这些新业态不仅结合了现代科技和文化元素，还注重游客的参与性和互动性，让游客在欣赏美景的同时也能感受到文化的魅力。

除了新业态的培育外，辽宁长城沿线地区还围绕长城文化打造了一系列新场景。例如，长城脚下的特色民宿让游客在体验传统民居的同时也能感受到长城的雄伟壮丽；长城主题文化演艺则通过精彩纷呈的表演让游客深入了解长城的历史和文化内涵。这些新场景的出现进一步提升了游客的旅游体验。

---

① 辽宁省30个重大文体旅项目集中签约，涉及金额共计532亿元。

在业态创新方面，辽宁长城沿线地区还注重产业融合和跨界合作。通过将文旅产业与其他产业相结合，如农业、体育等，打造出独具特色的文体旅产品。例如，一些地区利用长城沿线的自然风光和农业资源，推出了农耕体验、采摘游等旅游产品；还有一些地区结合长城的体育元素，举办了长城马拉松、长城徒步等体育赛事活动。这些产业融合和跨界合作不仅丰富了辽宁文旅产业的内涵和外延，还提升了其竞争力和影响力。

第三，在基础设施建设与配套服务方面，辽宁省政府更是下足了功夫。为了提升游客的出行体验，辽宁省加速实现全省各市和县区通高铁的目标，并大力推进机场、车站、服务区配建文体旅集散中心的工作。这些举措将极大地促进游客出行的零距离换乘和景区景点的无缝衔接，为游客提供更加便捷、舒适的旅游环境。同时，辽宁省还注重提升旅游景区的接待能力和服务水平。通过加大对旅游设施的投资力度，建设改造旅游干线公路和美丽农村路，提高了游客的出行便利性和舒适度。此外，辽宁省还推出了"畅游辽宁"惠民旅游年卡和季卡等优惠政策，附带文化场馆、星级饭店、旅游购物店等优惠措施，进一步吸引了游客前来辽宁旅游消费。

除了基础设施的建设和改造外，辽宁省还注重提升旅游服务的质量和水平。通过加强对旅游从业人员的培训和管理，提高了他们的专业素养和服务意识。同时，辽宁省还建立了完善的旅游投诉处理机制，及时解决游客在旅游过程中遇到的问题和困难。这些措施的实施为游客提供了更加优质、高效的旅游服务体验。

第四，在市场反响与经济效益方面，辽宁长城沿线地区的文旅产业发展成果显著。游客数量和旅游收入均实现了快速增长。据旅游大数据测算，2024年上半年辽宁省接待游客33156.1万人次，同比增长50.8%；旅游综合收入3565.1亿元,同比增长58.9%。①这一组数据充分证明了辽宁文旅产业的强大吸引力和广阔市场前景。

通过一系列文旅活动和项目的推广,辽宁长城的品牌效应逐渐显现。越来越多的游客被长城文化吸引,纷纷来到辽宁长城沿线地区感受独特的文化氛围和历史底蕴。这不仅提升了辽宁的知名度和美誉度,也为当地的经济社会发展带来了实实在在的效益。例如,一些地区的农民通过参与旅游业的发展实现了增收致富,一些地区的文化遗产得到了有效的保护和传承,一些地区的生态环境也得到了改善和提升。

第五,辽宁长城沿线地区的文旅产业发展还带动了相关产业的发展。例如,旅游业的发展促进了餐饮、住宿、交通等服务业的繁荣;文旅项目的建设也带动了建筑业、设计业等相关产业的发展。这些产业的共同发展为辽宁地区的经济社会发展注入了新的活力。

展望未来,辽宁长城沿线地区的文体旅产业将继续保持快速发展的态势。随着政策支持的不断加强、新业态新场景的不断涌现以及基础设施的不断完善,辽宁长城将成为吸引国内外游客的重要目的地之一。为了实现这一目标,辽宁省政府将继续加大对文旅产业的投入力度,推动更多的文体旅项目落地实施。同时,政府还将注重提升旅游服务的质量和水平,为游客提供更加优质、高效的旅游体验。

此外,辽宁长城沿线地区也将积极探索文体旅产业融合发展的新路径和新模式。例如,可以通过打造长城文化旅游区、长城体育休闲区等特色区域,实现文旅产业与体育产业的深度融合;还可以通过举办长城文化节、长城国际论坛等活动,提升辽宁长城在国际上的知名度和影响力。这些创新举措将为辽宁文旅产业的发展注入新的活力。

---

① 辽宁省上半年文旅产业接待游客33156.1万人次,同比增长50.8%。

最后，辽宁长城沿线地区还将注重可持续发展和生态保护。在推动文旅产业发展的同时，将加强对生态环境的保护和修复工作，确保文旅产业的发展与生态环境的保护相协调。例如，可以推广绿色旅游、生态旅游等新型旅游方式，鼓励游客参与环保活动；还可以加强对长城遗址的保护和修缮工作，确保这一珍贵的历史文化遗产得到有效的传承和保护。

综上所述，辽宁长城沿线地区的文体旅产业在政策支持、资源开发、基础设施建设以及市场反响等方面均取得了显著的成果。展望未来，该地区将继续保持快速发展的态势，并积极探索文体旅产业融合发展的新路径和新模式。我们有理由相信，在未来的日子里，辽宁长城沿线地区的文旅产业将绽放出更加璀璨的光芒，为辽宁经济社会发展注入新的活力。

三、辽宁新时代"六地"精神[①]概述

辽宁新时代"六地"精神是辽宁省在新时代背景下，为深入贯彻落实习近平总书记在新时代推动东北全面振兴座谈会上的重要讲话精神，奋力谱写中国式现代化辽宁新篇章而提出的重要目标定位。这"六地"分别是国家重大战略支撑地、重大技术创新策源地、具有国际竞争力的先进制造业新高地、现代化大农业发展先行地、高品质文体旅融合发展示范地、东北亚开放合作枢纽地。

（一）辽宁"六地"概况

1. 国家重大战略支撑地

辽宁在国家发展大局中扮演着重要角色，拥有众多优势战略资源，承担

---

① 辽宁：弘扬"六地"精神 赓续红色血脉（https://www.mct.gov.cn）。

着维护国家"五大安全"（国防安全、粮食安全、产业安全、能源安全、生态安全）的重要使命。辽宁要坚决贯彻落实党中央重大战略部署，提高国防安全保障水平，夯实粮食安全根基，巩固产业安全基础，强化能源安全保障作用，筑牢生态安全屏障。这一定位体现了辽宁在国家战略全局中的特殊重要地位，是辽宁在新时代服务国家大局、展现责任担当的重要体现。辽宁拥有丰富的矿产资源、优越的地理位置和广阔的农业用地，是国家在能源、农业和工业等领域的重要支撑。同时，辽宁也是中国军工企业的集中地之一，在国防和军工方面具有重要的战略地位。通过加强这些领域的建设和保障，辽宁不仅为国家的经济和安全提供了坚实的基础，也为自身的发展积蓄了重要的战略优势。

2. 重大技术创新策源地

辽宁作为科教大省，拥有丰富的科教资源和深厚的创新底蕴。打造重大技术创新策源地，就是要坚持创新在现代化建设全局中的核心地位，深入实施科教兴省战略、人才强省战略、创新驱动战略，加快突破关键核心技术，培育新质生产力，推动产业创新。这一定位旨在推动辽宁从科教资源大省向科技创新强省转变，为国家实现高水平科技自立自强贡献辽宁智慧。辽宁省内有多所知名高校和科研机构，为科技创新提供了坚实的基础。通过推动科技创新和产业化，辽宁致力于成为国家技术创新的重要策源地，特别是在高端装备制造、新材料、新能源等领域，取得了一系列具有国际影响力的科技成果。

3. 具有国际竞争力的先进制造业新高地

辽宁工业门类齐全，制造业基础雄厚。打造具有国际竞争力的先进制造业新高地，就是要发挥传统优势，加快传统制造业数字化、网络化、智能化改造，培育世界一流企业，形成具有国际竞争力的先进制造业集群。这一定位旨在推动辽宁制造业转型升级，再创工业辉煌，为维护国家产业链供应链安全稳定贡献辽宁力量。辽宁在钢铁、石化、汽车制造等传统产业上具有较强的竞争力，通过引进先进技术和优化产业结构，辽宁正努力实现制造业的转型升级。同时，辽宁还积极发展智能制造和绿色制造，力求在全球制造业版图中占据重要一席。

4. 现代化大农业发展先行地

辽宁是农业大省，拥有粮食和重要农产品生产优势。打造现代化大农业发展先行地，就是要始终把保障国家粮食安全摆在首位，推进农业生产规模化、智慧化、绿色化、服务社会化发展，建设大基地、培育大企业、发展大产业。这一定位旨在推动辽宁农业现代化进程，为保障国家粮食安全做出更大贡献。辽宁在粮食、畜牧、水产等农业生产上具有显著优势，通过推进农业机械化和信息化，辽宁正致力于实现农业现代化。此外，辽宁还积极推广绿色农业和有机农业，提升农产品的质量和市场竞争力，为全国的农业现代化发展提供了可借鉴的经验。

5. 高品质文体旅融合发展示范地

辽宁文化底蕴深厚、旅游资源丰富。打造高品质文体旅融合发展示范地，就是要深入挖掘特色文化资源、用好自然生态资源，推动文化、体育和旅游更广范围、更深层次、更高水平融合发展。这一定位旨在推动辽宁文体旅产业融合发展，提升服务业高质量发展水平，加快建设文化强省、体育强省、旅游强省。辽宁拥有丰富的历史文化遗产和自然景观，通过大力发展文化旅游和体育旅游，辽宁正吸引越来越多的国内外游客。同时，辽宁还积极推动文体旅融合发展，提升旅游产业的附加值和综合效益，使其成为经济发展的重要引擎。

6. 东北亚开放合作枢纽地

辽宁地处东北亚经济圈核心地带，是连接欧亚大陆桥的重要门户。打造东北亚开放合作枢纽地，就是要充分发挥区位优势，深度融入共建"一带一路"高质量发展,加强同京津冀协同发展、长江经济带发展等国家重大战略的对接,打造东北亚经济圈开放合作的中心和枢纽。这一定位旨在推动辽宁对外开放合作水平提升,在畅通国内大循环、联通国内国际双循环中发挥更大作用。辽宁通过加强与周边国家和地区的经贸合作,积极参与国际分工和全球产业链,提升了自身在国际市场的竞争力。同时,辽宁还通过优化口岸通关环境和提升物流服务水平,成为中国东北地区对外开放的桥头堡,促进了区域经济的协同发展和共同繁荣。

(二)辽宁新时代"六地"精神概述

1. 责任担当精神

辽宁省在国家发展大局中担负着重要责任,无论是在国防、粮食、能源还是生态安全方面,都体现出辽宁为国家安全和发展全力以赴的担当精神。通过打造国家重大战略支撑地,辽宁展现了积极贯彻落实党中央战略部署的坚定决心,彰显了为国家"五大安全"提供坚实保障的责任担当。具体而言,辽宁在维护国家国防安全上,不断提升军工产业的科技水平和自主创新能力;在保障粮食安全上,持续提升粮食生产能力和质量;在确保产业安全上,致力于产业结构优化和产业链现代化;在强化能源安全上,积极推进能源生产和供应的多样化;在巩固生态安全上,大力推进环境保护和生态修复工程。这些举措都体现了辽宁为国家长远发展保驾护航的责任感和使命感。

2. 创新引领精神

辽宁作为科教大省,具有丰富的创新资源和深厚的创新底蕴。通过打造重大技术创新策源地,辽宁坚持科技创新在现代化建设中的核心地位,深入实施科教兴省战略、人才强省战略、创新驱动战略。辽宁在突破关键核心技术、培育新质生产力和推动产业创新方面,展示了敢于创新、引领未来的精神。具体体现为:辽宁不断优化创新生态,推进科技体制改革,激发科研人员的创新活力;大力发展高新技术产业,打造科技创新高地;建立完善的创新创业服务体系,扶持中小微企业创新发展;推动校企合作、产学研结合,促进科技成果转化。这些措施彰显了辽宁在新时代背景下,以创新驱动发展、以科技引领未来的坚定信念和实际行动。

3. 转型升级精神

辽宁的制造业基础雄厚,但面对新时代的发展需求,必须进行转型升级。通过打造具有国际竞争力的先进制造业新高地,辽宁致力于传统制造业的数字化、网络化、智能化改造,培育世界一流企业,形成先进制造业集群。这体现了辽宁积极应对挑战、不断自我提升、追求卓越的发展精神。具体体现为:辽宁在制造业领域大力推进智能制造,广泛应用工业互联网和人工智能技术;推动传统制造业优化升级,加快淘汰落后产能,发展绿色制造;支持重点企业和产业集群做大做强,提升国际竞争力;通过引进和培育高端制造业项目,壮大先进制造业规模。这些举措体现了辽宁在新时代的工业发展路径,以科技创新为引领,以智能制造为核心,以国际化为目标,全面提升制造业的竞争力和影响力。

4. 现代化发展精神

作为农业大省,辽宁在保障国家粮食安全方面占据重要地位。通过打造现代化大农业发展先行地,辽宁推进农业生产规模化、智慧化、绿色化、服务社会化发展,建设大基地、培育大企业、发展大产业。这体现了辽宁在新时代背景下,坚持保障国家粮食安全和推动农业现代化的坚定决心和实际行动。具体体现为:辽宁积极推广先进农业技术,提升农业生产效率和质量;加快发展智慧农业,应用物联网、大数据等技术实现精准种植;推进农业绿色发展,推行绿色生产方式,保护农业生态环境;完善农业社会化服务体系,提升农业服务水平;通过龙头企业带动,形成现代农业产业链和供应链,提升农产品附加值。这些措施展现了辽宁在新时代的农业发展策略,以现代科技为依托,以绿色发展为理念,以产业融合为路径,全面推进农业现代化进程。

5. 文化融合精神

辽宁文化底蕴深厚、旅游资源丰富,拥有众多历史文化和自然生态资源。通过打造高品质文体旅融合发展示范地,辽宁深入挖掘特色文化资源、用好自然生态资源,推动文化、体育和旅游在更广范围、更深层次、更高水平上融合发展。这展示了辽宁弘扬优秀文化、提升服务业质量、促进文体旅融合发展的精神。具体体现为:辽宁通过保护和传承历史文化遗产,打造特色文化品牌;开发和利用自然生态资源,建设精品旅游线路;推进文化和旅游深度融合,发展文化旅游产业;发展群众体育和竞技体育,提升全民健身水平;通过举办各类文体活动和赛事,增强文化软实力和影响力。这些举措体现了辽宁在新时代的文化旅游发展策略,以文化为根基,以旅游为载体,以体育为助力,全面提升文化软实力和旅游吸引力,推动文体旅融合发展。

6. 开放包容精神

辽宁地处东北亚经济圈核心地带,是连接欧亚大陆桥的重要门户。通过打造东北亚开放合作枢纽地,辽宁充分发挥区位优势,深度融入共建"一带一路"高质量发展,加强同京津冀协同发展、长江经济带发展等国家重大战略的对接。这体现了辽宁敢为人先、开放包容、互利共赢的精神,展示了辽宁在推动对外开放合作水平提升、畅通国内大循环和联通国内国际双循环中的积极作为。具体体现为:辽宁加快开放平台建设,提升港口、保税区等对外开放功能;积极参与"一带一路"建设,拓展国际合作新空间;加强与东北亚各国的经贸合作,深化区域经济一体化;推动与国内其他地区的协同发展,形成优势互补、联动发展的良好格局;通过优化营商环境,吸引外资和外来企业落户辽宁。这些举措体现了辽宁在新时代的开放发展策略,以区位优势为基础,以国际合作为重点,以优化环境为保障,全面提升对外开放水平。

辽宁新时代"六地"精神不仅体现了辽宁在新时代背景下对国家和社会的责任担当,还展示了辽宁在创新引领、转型升级、农业现代化、文化融合和开放合作方面的积极作为和坚定决心。这"六地"精神综合了辽宁在新时代发展的核心方向和奋斗目标,彰显了辽宁踔厉奋发、勇毅前行的奋进姿态,为实现全面振兴、全方位振兴提供了明确的指引。

第二节 研究意义

一、文体旅融合发展示范地与新时代"六地"精神的契合

辽宁新时代"六地"精神通过文体旅融合发展示范地的建设,不仅体现了历史文化传承与创新、文化与旅游的深度融合、竞技体育与群众体育的发展,还推动了全业态全产业链的提质升级,提升了文旅品牌的影响力,推动了文旅产业的高质量发展。这种契合展示了辽宁在新时代背景下,积极践行新时代"六地"精神,推进全面振兴、全方位振兴的坚定决心和实际行动。文体旅融合发展示范地与新时代"六地"精神的契合,展现了辽宁在新时代中国特色社会主义道路上的奋进姿态,为实现辽宁的全面振兴、全方位振兴提供了明确的指引和强大的精神动力。

(一)历史文化的传承与创新

辽宁,这片充满历史沉淀的土地,拥有丰富的红色文化资源。它是抗日战争的起始地、解放战争的转折地、新中国国歌的素材地、抗美援朝的出征地、共和国工业的奠基地、雷锋精神的发祥地。在这样的背景下,文旅融合

不仅是传承历史文化的重要途径,更是创新文化传播方式、激发文化活力的有效手段。通过打造高品质文体旅融合发展示范地,辽宁能够更好地传承红色基因,赓续精神血脉,弘扬革命精神和爱国主义精神。中共满洲省委旧址纪念馆通过丰富的展览和生动的活动,吸引了大量游客前来参观,引领广大游客知史爱党、知史爱国,这充分体现了博物馆人的使命与责任。

(二)文化与旅游的深度融合

辽宁具有深厚的历史文化、红色文化、工业文化和民族文化资源,同时还拥有丰富的自然生态资源,如秀美的山水、皑皑的冰雪、迷人的滨海风光和温暖的温泉。通过文体旅融合,辽宁可以将这些丰富的文化资源与旅游资源有机结合,推动文化旅游的深度发展。例如,辽宁人民艺术剧院、辽宁歌剧院、辽宁芭蕾舞团和辽宁歌舞团等艺术机构,可以通过精彩的文化演出和高水平的艺术活动,吸引更多游客前来观赏,从而提升文化旅游的品质和影响力。大连市则通过智慧文旅平台的上线、文旅宣传片的发布等举措,不断增强文旅融合的承载力和影响力,成功当选 2024 年"东亚文化之都",使其城市文旅形象更加鲜明、更具辨识度。

(三)竞技体育与群众体育的共同发展

辽宁在竞技体育和群众体育方面有着坚实的基础和辉煌的成就。通过文体旅融合,辽宁可以充分利用这些体育资源,推动体育旅游的发展。例如,辽宁将承办 2028 年第十五届全国冬季运动会,这是一个重要的契机。通过举办这样的大型体育赛事,可以带动冰雪旅游、温泉旅游等相关产业的发展,推动体育与旅游的深度融合。辽宁省文化和旅游厅则通过推动赛事演艺游、冰雪温泉游、海洋旅游、边境旅游等高端产品的发展,发出"跟着赛事去旅游、伴着旅游去参赛"的邀约,促进体育和旅游的双向融合和共同发展。

（四）全业态全产业链的提质升级

辽宁通过文体旅融合发展示范地的建设，可以推动历史文化游、工业研学游、红色六地游、生态康养游、休闲观光游和旅居度假游等全业态全产业链的提质升级。这不仅可以提升文旅产业的整体水平，还可以为游客提供更加丰富多样的旅游体验，进一步扩大辽宁文旅品牌的影响力。为了实现这一目标，辽宁省文化和旅游厅提出要积极"锻长板、补短板"，推动全业态全产业链的提质升级，打造高品质的文体旅融合发展示范地。这有助于提升辽宁文旅产业的竞争力和吸引力。

（五）文旅品牌的打造与推广

近年来，大连市在文体旅融合方面取得了显著成绩，文旅品牌影响力持续扩大。这种成功经验可以推广到全省范围，通过文旅品牌的打造与推广，提升辽宁整体的文旅产业竞争力。大连市的邮轮游艇旅游、游艇示范项目被列入《"十四五"旅游业发展规划》，城市文旅产业规模在东北各城市中居首位，这充分展示了文体旅融合发展的巨大潜力和广阔前景。

（六）推动文旅产业高质量发展

通过文体旅融合，辽宁可以加快建设文化强省、体育强省、旅游强省的目标，推动文旅产业的高质量发展。以大连市为例，该市通过实施重大文旅项目带动战略，推动文旅产业的高质量发展，取得了显著成效。其文旅产业规模在东北各城市中居首位，为辽宁全省文旅产业的发展提供了重要借鉴。大连市委副书记、市长陈绍旺表示，推动文旅产业高质量发展是大有可为、大有作为的。辽宁要以更加开放的姿态拥抱世界，以更具活力的开拓赢得未来，不断推动文旅产业的高质量发展。

（七）守正创新，勇担文化使命

沈阳市在文体旅融合发展中切实扛起文旅大旗，加快建设文化强市、国际文化旅游目的地的步伐。该市积极推动在辽宁打造高品质文体旅融合发展示范地中当好排头兵的角色。沈阳市文化旅游和广播电视局局长刘克斌表示，沈阳市将加快书写文体旅融合发展新篇章，坚持以文塑旅、以旅彰文的发展理念。同时，该市将加快区域性文化创意中心的建设步伐，实施重大文旅项目带动战略，全力争创国家级文化和旅游消费示范城市。此外，沈阳市还将创建一批国家级、省级文旅消费集聚区、旅游休闲街区等项目，推进沈阳方城创建国家AAAAA级旅游景区的工作进程。在丰富历史文化游、红色文化游、工业文化游产品供给的同时，开展乡村文化游、冰雪文化游提质增效行动，推动文化旅游元素融入体育赛事、冰雪运动等领域中。

（八）文化遗产保护与利用

历史文化是沈阳的金名片，也是这座城市独特的魅力所在。为了有效加强文化遗产的保护传承和利用工作，深化地域文化发展脉络和文明进程的研究和探索，沈阳市扎实开展了"考古中国"——辽河干流（沈阳）地区红山文化遗址的考古调查工作。同时，该市还实施了一系列重点文物保护利用工程项目，如中共满洲省委旧址纪念馆的改扩建工程、长城国家文化公园（沈阳段）等项目的建设工作也在稳步推进中。此外，沈阳市还不断提升非物质文化遗产的系统性保护水平，并创新性地举办了沈阳非遗博览会等活动。在长城辽宁沿线各市的共同努力下，长城国家文化公园（辽宁段）的建设工作也在顶风冒寒中谋划部署并全力推进中。其中，明长城——本溪段化皮峪长城2段部分段落的修缮工程已经初步通过验收；本溪市的长城国家文化集中展示和村俗博物馆的建设工作也正在积极推进中。此外，国家文物局日前还通报了4项"考古中国"重大项目的重要进展情况。其中,辽宁省朝阳市建平县的马鞍桥山遗址新发现了祭祀遗存等重要文物遗迹。这一发现对于论证红山文化人群祭祀形式、精神信仰的形成与发展具有重要价值和意义。

(九)文化交流与合作

在全球化日益加深的今天,推动文旅对外交流合作显得尤为重要。辽宁将积极"走出去"、诚意"请进来",通过参与国际文化交流活动等方式向世界展示其丰富的历史文化资源和文体旅融合发展的成果。这将有助于吸引更多国际游客前来辽宁旅游观光、体验文化魅力,从而提升辽宁的国际影响力和竞争力。同时,辽宁还将不负众望地盘活用好文化遗产资源,建好"中华文明探源"和"考古中国"等辽宁项目。此外,加大红山文化申遗力度也是辽宁未来的重要工作之一。通过这些举措的实施和推进,辽宁将推动辽沈大地上的中华优秀传统文化实现创造性转化、创新性发展。

二、推动高质量发展与可持续振兴

辽宁在推进高质量发展与可持续振兴的过程中,文体旅融合发展示范地的建设与新时代"六地"精神的深度融合,展现出显著成效与广泛影响力。多元文化的交融为文体旅的融合发展奠定了坚实基础。辽宁作为抗日战争的起始地、解放战争的转折地、新中国国歌的素材地、抗美援朝的出征地、共和国工业的奠基地以及雷锋精神的发祥地,这些丰富的红色文化资源不仅传承并弘扬了红色精神,还有效推动了文化产业的高质量发展。

文体旅的融合发展有助于延伸和升级产业链,促进全业态的提质增效,进而提升文旅品牌的整体影响力,为游客带来更加丰富多彩、独特的旅游体验。

体育与旅游的协同发展将进一步增强了文旅产业的竞争力。辽宁在竞技体育和群众体育方面有着深厚底蕴，通过承办大型体育赛事，如2028年即将举办的第十五届全国冬季运动会，将带动冰雪旅游、温泉旅游等相关产业的繁荣，也将实现体育与旅游的深度融合与共同发展。

在可持续振兴方面，辽宁依托文体旅融合，推动绿色发展与生态保护，强化全社会的生态保护意识。辽宁拥有丰富的自然生态资源，通过发展生态康养游、冰雪文化游等特色旅游项目，有效利用自然资源，推动旅游业的可持续发展。同时，辽宁通过对文化遗产的保护与合理利用，深化了地域文化的发展脉络，为文化产业的可持续发展注入了新的活力。

创新与创意的驱动也是文体旅融合发展的重要支撑。辽宁凭借文化创意和技术创新，不断提升文旅产业的竞争力，为产业的可持续振兴提供了有力支持。

综上所述，辽宁深入挖掘和利用丰富的文化资源和自然生态资源，不仅传承和弘扬了新时代"六地"精神，还实现了文化、体育和旅游的深度融合与发展，推动了文旅产业的高质量发展和可持续振兴。体现了辽宁在新时代背景下积极践行新时代"六地"精神、推进全面振兴和全方位振兴的坚定决心和实际行动。

第三节 研究目的

一、深入探讨辽宁长城沿线文体旅融合发展路径

本研究旨在深入探讨辽宁长城沿线文体旅融合发展的路径和策略,通过对文化、体育和旅游资源的整合与协同,推动区域经济的高质量发展和可持续振兴。具体目标包括以下内容。

第一,评估辽宁长城沿线的历史文化资源,特别是红色文化和地方特色文化的现状及其潜力,挖掘文化资源的价值,为文体旅融合发展提供理论支撑。

第二,研究辽宁长城沿线的体育资源,包括竞技体育和群众体育的现状与发展潜力,通过体育活动和赛事带动旅游发展,提升地区的知名度和吸引力。

第三,探讨辽宁长城沿线丰富的自然生态和旅游资源,研究如何通过生态旅游、文化旅游和体育旅游的融合,打造具有特色和竞争力的旅游产品和线路。借鉴国内外文体旅融合发展的成功案例,提出适合辽宁长城沿线实际

情况的创新发展模式,推动文化、体育和旅游的深度融合,实现全业态全产业链的提质增效。

第四,通过文体旅融合发展,带动相关产业链的发展,提升辽宁长城沿线区域经济的整体竞争力和可持续发展能力,助力辽宁省的全面振兴和全方位振兴。

第五,基于研究结果,提出有针对性的政策建议,为政府部门制定相关政策提供科学依据,推动文体旅融合发展的政策体系和保障机制建设。

本书将全面揭示辽宁长城沿线文体旅融合发展的现状、问题和机遇,为相关部门和企业提供实践指导,推动区域经济的高质量发展和文化体育旅游产业的协同创新,助力辽宁省实现更高水平的经济和社会发展目标。

二、助力辽宁成为高品质文体旅融合发展示范地

在理论研究和案例分析的基础上,本研究将提出一系列政策建议和实施方案,旨在全面提升辽宁长城沿线地区文体旅融合发展的质量和影响力。首先,将通过对国内外成功案例的比较分析,提出适合辽宁实际情况的发展模式,尤其是如何在保护文化遗产的同时,实现体育和旅游资源的创新利用。其次,重点探讨如何通过基础设施建设、服务质量提升、品牌打造和市场推广,增强辽宁文体旅产业的竞争力,确保其在全国乃至国际市场上的领先地位。再次,提出构建辽宁长城沿线文体旅融合发展的示范区的具体路径,包括政策支持、资金投入、人才培养、技术创新等方面的措施。这些示范区将作为全国文体旅融合发展的标杆,推广辽宁的成功经验和做法,推动全国文化、体育和旅游产业的协调发展。最后,本书的目标是通过全方位的系统研究和实践指导,助力辽宁成为国家文体旅融合发展的先行者,为实

现文化强国、体育强国和旅游强国的战略目标提供有力支撑,同时推动区域经济的可持续发展,提高辽宁在全国乃至国际上的文化软实力和产业竞争力。

第二章

辽宁新时代"六地"精神解读

第一节 打造国家重大战略支撑地

辽宁省委十三届六次全会提出的打造新时代"六地"目标定位，是深入贯彻习近平总书记重要讲话精神、更好服务国家战略的重大决策。在这一宏伟蓝图中，"国家重大战略支撑地"的定位具有统领性和根本性。辽宁凭借其独特的区位优势、完备的工业体系、丰富的科教资源，成为党和国家可委以重任的中坚力量。

辽宁的振兴发展不仅关乎经济总量和增速的提升，更重要的是服务国家统筹发展与安全的大局。虽然以 GDP 和其他经济指标来衡量，辽宁的经济位次近年来有所下降，但以价值来衡量，辽宁作为共和国的重要产业基地、能源基地、生态保障基地的地位依然稳固。辽宁的产业构成以装备制造业和原材料工业等重化工业为主，这些产业和企业虽然市场规模不一定很大，但却是保持国家产业独立和应对各种风险冲击的"顶门杠"，是保持民生和市场的"稳定器"。在大国崛起的征程上，辽宁的产业和企业的重要性绝非产值和销售收入可以反映，其价值也绝非 GDP 可以衡量。

产业方面，辽宁的装备制造、石化、冶金等在全国占据优势地位，拥有一系列关乎国民经济命脉和国家安全的战略性产业，特别是在航空装备、核电设备、生物医药、机器人等领域，锻造了一大批"国之重器"。粮食方面，辽宁作为全国13个粮食主产区之一，粮食单产水平居全国前列，各类农产品供给在国内具有举足轻重的地位。能源方面，辽宁是国家重要的能源安全通道，近年来能源发展稳步前进，新型清洁能源更是展现出强劲的发展势头。生态方面，辽宁生态系统完备，山水林田湖草等生态场景一应俱全，为筑牢我国北方生态安全屏障做出了新的贡献。

另外，辽宁区位优势明显，资源、科教、人才、基础设施等支撑能力较强。东北三省是新中国工业的摇篮和重要的工业与农业基地，而辽宁产业基础雄厚、工业体系完备、发展潜力巨大。此外，辽宁还拥有丰富的历史文化和独特的地理优势，这些独特的优势让辽宁在打造"国家重大战略支撑地"的过程中信心更足、底气更足、力量更足。

辽宁省委提出打造国家重大战略支撑地，是站在中国式现代化全局的高度，对辽宁振兴发展提出的战略定位。党的二十大之后，习近平总书记对中国式现代化的一系列重大理论和实践问题进行了深刻阐述，并在全国不同地区进行深入考察，主持召开一系列座谈会，对中国式现代化的地方实践进行悉心指导和科学部署。习近平总书记强调，要牢牢把握在国家发展大局中的战略定位，这一重要要求深刻体现了习近平新时代中国特色社会主义思想的世界观和方法论，对于推进强国建设、民族复兴伟业具有重大意义。

打造国家重大战略支撑地，意味着辽宁将肩负起更大的责任与使命，为强国建设、民族复兴贡献力量。我们将坚决贯彻落实党中央的重大战略部署，充分发挥辽宁的比较优势，聚焦强国建设、服务国家战略，提高国防安全保障水平，夯实粮食安全根基，巩固产业安全基础，强化能源安全保障作用，筑牢生态安全屏障，切实担负起维护国家安全的职责和使命。同时，我们将加快建设数字辽宁、智造强省，推进质量强省、交通强省、清洁能源强省、海洋经济强省等建设，为国家构建新发展格局、推动区域协调发展等重大战略提供强有力的支撑。

打造国家重大战略支撑地,就是要紧紧围绕强国建设、民族复兴的重要任务,牢牢把握高质量发展这个首要任务和构建新发展格局这个战略任务。我们将把辽宁的振兴发展融入"双循环"的新发展格局中,加快建设数字辽宁、智造强省等战略部署,加强同国家重大战略的对接,更好融入全国统一大市场。同时,我们将扭住科技创新这个"牛鼻子",当好国家粮食稳产保供的"压舱石",着力打造对外开放的新前沿,在畅通国内大循环、联通国内国际双循环中发挥更大的作用。

打造国家重大战略支撑地也是维护国家"五大安全"政治使命的重要举措。安全是发展的前提,发展是安全的保障。在新形势下,我们必须以底线思维进行战略谋划,统筹发展和安全。辽宁打造"国家重大战略支撑地",就是要在维护国家安全发展中挑大梁、当先锋、打头阵、做支撑,坚决扛起履行维护国家"五大安全"的政治使命。

打造国家重大战略支撑地是推进经济结构战略性调整、提高中国产业国际竞争力的战略举措,也是促进区域协调发展、补齐发展短板的重大任务。这一目标的提出是对辽宁省情和发展优势的深刻把握,是对发展形势和机遇的深入研判,也是对振兴目标和发展思路的深入认识。它体现了辽宁落实习近平总书记重要讲话精神的具体实践,也是"五大安全"战略定位的生动体现。

国家重大战略支撑地在新时代"六地"目标定位中处于中心位置,彰显了辽宁服务"国之大者"的历史担当。辽宁将着力提高国防安全保障水平,夯实粮食安全根基,巩固产业安全基础,强化能源安全保障作用,筑牢生态安全屏障,切实肩负起维护国家"五大安全"的职责和使命。围绕国家需求展现担当气概,服务国家战略增强支撑力量,这就是辽宁的觉悟和精神,体现了辽宁积极主动对接国家重大战略的信心和决心,显示了辽宁融入新发展格局、推动全面振兴的勇气和作风。

在推进强国建设、打造国家重大战略支撑地的过程中，我们不能局限于辽宁本身的发展，而要以大局观、长远观、全局观来审视和规划辽宁的发展路径。我们要将辽宁放在经济社会发展的大局中进行考量，加快实现科技自立自强，提升科技创新能力；加快产业结构调整步伐，推进传统产业优化升级、新兴产业发展壮大、未来产业提前布局；加强科技和人才队伍建设，统筹推进创新链、产业链、资金链、人才链融合发展；坚持深化改革扩大开放，深度融入共建"一带一路"，在推进高水平对外开放中提升竞争力，推动全方位振兴不断取得新突破。

让我们更加紧密地团结在以习近平同志为核心的党中央周围，解放思想、勇毅前行、实干担当、接续奋斗。在强国建设、民族复兴的伟大征程上，加快把辽宁打造成为国家重大战略支撑地，在中国式现代化新征程上交出一份高质量发展的合格答卷。

第二节　打造重大技术创新策源地

《中共辽宁省委关于深入贯彻落实习近平总书记在新时代推动东北全面振兴座谈会上重要讲话精神　奋力谱写中国式现代化辽宁新篇章的意见》中明确提出，努力将辽宁打造成为"国家重大战略支撑地、重大技术创新策源地"等新时代"六地"的目标。在新时代"六地"系列目标中，"重大技术创新策源地"居于基础性地位。技术创新是以创造新技术为目的的创新，或者是基于科学技术知识及其创造的资源的创新。当今时代，科学技术创新已经成为最重要的新质生产力，既是国家在竞争激烈的国际市场中保持竞争优势的重要基础，也是保持经济社会可持续发展的重要保障。技术创新包括创造开发新的技术和对现有技术的升级应用创新。技术创新主要建立在科学原理发现的基础上，而产业创新则主要建立在技术创新的基础上。1912年，著名经济学家熊彼特在《经济发展理论》中系统论述了创新，认为创新是指把一种从来没有过的关于生产要素的"新组合"引入生产体系中，包括引进新产品、引用新技术、采用新的生产方法、开辟新的市场、发现原材料新来源等。在市场经济发展实践中，实施重大技术创新就是要对传统生产要素进行全新组合，或者应用新生产技术实现对原有生产技术的重大突破。技术创新涉及新产品开发、新生产方法应用、新的组织与管理模式的实施以及新的供货渠道及市场开拓等方面。生产技术的创新是一个复杂过程，从理论基础研究的起始阶段、生产中的实际应用直到最终实现商业化的全过程。基础研究主要是为了促进科技知识发展所做的科学研究，并不具备特定的商业目的，而应用研究则侧重于将基础研究所建立的生产相关知识和创意应用到实际生产活动中。一般来说，应用研究的结果会产生新的生产方法或推出新产品，并以公共知识或专利的形式加以体现。随后，应用研究的成果将接受多方面测试，之后正式投入生产进入市场，产生新的经济效益。

技术创新策源地一般指新技术产生或迭代升级、新产品研发的集中策动或源头地区。从定义来看，技术创新策源地应具备有效促进技术创新或升级、潜力巨大的市场、产业结构优化升级的强烈需求、技术创新所需的科教及人才资源以及丰富的技术创新载体形式等特点。作为技术创新策源地，必须具备实现技术创新或升级所需的政策环境、科教资源、人才、资金、市场等要素。此外，还需完善的制度要素，综合运用财税、金融信贷、市场等激励措施，激发区域内企业提升技术创新积极性和主动性。技术创新策源地需要广阔、潜力大的市场，为新产品、新技术的研发生产提供重要基础。辽宁区位优势明显、产业基础雄厚、港口资源丰富，并已初步建成现代化综合交通体系，具备融入国内国际两个市场的良好基础。科技创新带动产业结构优化升级是当今时代的"主旋律"，也是最为经济、效果明显的路径。辽宁面临传统产业比重大、新兴产业发展不充分的问题，推动产业结构优化升级是实现高质量发展的必由之路。辽宁是全国科教大省，拥有各类高校100余所、"双一流"高校4所。辽宁科研机构众多，共有1652家，包括中国科学院所属的多家研究所。辽宁科研院所在重大技术装备、新材料、智能制造等领域保持较强实力，科技资源、科技投入和创新成果产出均居全国前列。沈阳、大连获批东北地区唯一国家级自主创新示范区，沈阳、大连、营口等市先后获批国家创新型试点城市。辽宁有国家级高新区8个，国家工程技术研究中心12家，国家工程研究中心16家，国家企业技术中心43家，全省双创示范基地19家，技术转移示范机构91家，科技企业孵化载体272家。①

辽宁提出的新时代重大技术创新策源地目标不仅仅局限于科技创新本身，还与维护国家安全等密切相关。辽宁在先进装备制造业、新材料、新能源、现代化大农业等领域加快推出占据科技制高点的先进核心技术，进而为维护国家安全提供坚实助力。例如，在维护粮食安全方面，中国科学院沈阳应用生态研究所的"梨树模式"带动了《东北黑土地保护性耕作行动计划（2020—2025年）》的制订和实施。在维护能源安全方面，大连化学物理研究所提供了百兆瓦级液流电池储能调峰电站建设的技术支持，并开发出煤制烯烃、煤制乙醇等化石能源高效利用技术。新时代辽宁"六地"目标是一个完整体系，各个目标之间既有密切联系，又形成相互促进、协同发展的新模式。打造重大技术创新策源地有利于辽宁明确发展目标方向，整合优势资源，尽快实现科技高水平自立自强，全面提升辽宁在新时代国家总体产业格局中的基础性作用，强化辽宁省乃至东北地区的重要支撑作用，谱写实现中国式现代化的绚烂辽宁篇章。2024年政府工作报告提出，提高区域协调发展水平，推动东北全面振兴，根基在实体经济，关键在科技创新，方向是产业升级。例如，沈阳市市长吕志成表示，沈阳科教资源丰富，在推动创新发展方面具有基础和优势，将坚定不移走创新路、吃技术饭。近年来，沈阳形成了"一城一园三区多组团"的创新空间格局，2023年国家级科技创新平台达76个，高新技术企业达5052家，科技型企业突破2.1万家，累计突破关键核心技术178项，技术合同成交额增长41.4%，创新驱动能力显著增强。沈阳将深入推进创新空间、创新平台、创新人才、创新生态建设，着力在推进高水平科

---

① 参见辽宁省人民政府官方网站。

技自立自强上攻坚突破,切实把科教资源优势转化为经济发展优势。一是要打造科技创新主力军,持续强化战略科技力量布局。二是要打好关键技术攻坚战,主动对接国家战略需求,聚焦重点产业链、重点领军企业和重点产品,组织实施重大科技专项,滚动推进100项关键核心技术攻关。三是要擦亮引才育才金招牌,优化"兴沈英才计划",深化"博士沈阳行"等活动,实施"莘莘学子,逐梦沈阳"专项行动,并让各类人才安心、安身、安业。

第三节 打造具有国际竞争力的先进制造业新高地

制造业是辽宁的"当家优势",占规模以上工业八成以上,是辽宁工业的重要支撑力量。辽宁现已形成以先进装备制造、石化和精细化工、冶金新材料和优质特色消费品为支柱的产业体系,大型冶金、矿山、石化装备等成套水平国内领先,金属冶炼设备产量居全国首位,内燃机车市场占有率稳居国内首位,新接船舶订单居全国第2位,原油加工能力、PX、PTA产能均居全国第2位,粗钢产能产量居全国第4位。国家新型工业化产业示范基地达到20家,数量与上海并列,居全国第7位,15项两化(信息化和工业化)融合指标全国排名实现晋位。[①]

聚集打造具有国际竞争力的先进制造业新高地的目标,辽宁将以4个万亿级产业基地、22个重点产业集群建设为抓手,突出抓好产业、项目、企业、园区,扎实推进新型工业化,加快形成新质生产力。将重点提升产业链韧性和安全水平,实施产业基础能力再造和重大技术装备攻关工程,加快关键核心技术攻关,推进国产化替代;积极推动传统产业转型升级,开展高端

---

① 参见辽宁省人民政府官方网站,5·15政务公开日(第18届)。

化、智能化、绿色化技术改造，加快重点产业向中高端迈进；加快实现科技创新和产业升级"双螺旋"发展，深化产学研用合作，持续优化产业创新生态，前瞻布局未来产业，以科技创新推动产业创新；全面加强人工智能和产业发展融合，以加快企业数字化转型为基础，以智能制造为主攻方向，大力发展基于大模型的智能装备、软件等智能产品；深入推进产业绿色低碳循环发展，强化节能降碳目标导向，实施绿色制造工程，建设绿色能源体系，全面推行循环生产方式；突出提升企业竞争力，加快建设世界一流企业和科技领军企业，积极培育更多专精特新中小企业和制造业单项冠军。

制造业是地区经济发展的重要支撑，辽宁是全国重要工业基地，产业基础雄厚、工业体系完备，已形成以装备制造、石化、冶金为支柱行业的工业体系，拥有一批关系国民经济命脉和国家安全的战略性产业。国防科技工业规模位居全国前列，大型冶金和矿山装备、大型石化装备等成套水平国内领先，数控机床等通用装备在全国占有重要地位。炼油产能超过1.45亿吨、居全国第2位，乙烯产能450万吨、居全国第3位，PX产能690万吨、居全国第2位，PTA产能1840万吨、居全国第2位，环氧乙烷等基础化工原料具有较强供给能力。2022年粗钢产量7152万吨、居全国第4位，铁矿石储量33.98亿吨、居全国第1位，是国家国防安全最重要的钢材资源保障基地。①

近年来，辽宁振兴势头不断上扬，正处于机遇期、转型期、发展期。工业投资不断扩大，华锦阿美精细化工及原料工程项目等一批投资100亿元以上项目实现开复工，总投资近1900亿元，将对全省未来3年投资形成有力支撑。政策利好不断释放，出台了《加快发展先进制造业集群的实施意见》等一系列文件，配套设立数字辽宁智造强省专项资金，加快建设4个万亿级

---

① 《为维护国家产业链供应链安全稳定贡献力量》，《辽宁日报》，2023年12月8日。

产业基地、做强22个先进制造业集群。[①]这些都是辽宁打造具有国际竞争力的先进制造业新高地的底蕴和机遇所在。

辽宁制造业的雄厚基础，是辽宁独有的优势，也是辽宁的根基。辽宁是中国东北地区的经济中心，发展先进制造业具备优势。辽宁有一批具有国际竞争力的先进制造企业，如沈飞、新松、沈鼓等；拥有一批在业内领先的高校和科研院所，如东北大学、大连理工大学、中科院金属所、中科院沈阳自动化所等，产业资源、科教资源丰富；还有一大批高新技术产业开发区、经济技术开发区作为承载先进制造业落地发展的载体。辽宁一直是宝马集团在中国的重要合作伙伴，辽宁为宝马提供了高技能人才、高水平院校，以及高效率国际运输通道和物流基础设施。在宝马集团的带动下，众多国内国际领先汽车零部件企业落户辽宁、投资辽宁，催生出中德（沈阳）高端装备制造产业园和沈阳大东汽车城等产业集群。习近平总书记对东北、辽宁制造业寄予厚望，在新时代推动东北全面振兴座谈会上指出，推动东北全面振兴，根基在实体经济，关键在科技创新，方向是产业升级。辽宁省委十三届六次全会提出了辽宁新时代"六地"目标定位，其中之一就是要打造具有国际竞争力的先进制造业新高地，这是落实习近平总书记重要讲话精神的具体行动，也是构建具有辽宁特色优势的现代化产业体系的选择。辽宁工业门类齐全，装备制造业体系完善，具备发展先进制造业的基础条件。打造具有国际竞争力的先进制造业新高地就是要聚焦实体经济，突出创新引领、集群发力、数字赋能、优化环境，加快推进新型工业化，推动辽宁工业率先振兴。

2024年中央经济工作会议明确提出，要以科技创新推动产业创新，特别是以颠覆性技术和前沿技术催生新产业、新模式、新动能，发展新质生产力。高标准建设辽宁实验室，推动体制机制先行先试，支持辽宁实验室与头部企

[①]《为维护国家产业链供应链安全稳定贡献力量》，《辽宁日报》，2023年12月8日。

业共建产业技术创新中心。积极争取更多国家级创新平台、基础科学研究中心及配套项目落户辽宁。推进"高重复频率极紫外自由电子激光装置""超大型深部工程灾害物理模拟试验装置"等预研项目建设。在"化工减碳""工业智能与系统优化"等领域争取建设国家技术创新中心。支持省内重大创新平台进入国家创新试验基地。加快筹建国家集成电路装备产业创新平台。发挥沈阳、大连两市核心作用,加快建设沈阳浑南科技城、大连英歌石科学城,集聚高水平研发力量。持续加强基础研究,强化顶尖基础研究人才和团队建设,加大基础研究财政投入。支持科技领军企业牵头组建体系化、任务型创新联合体,凝练实施一批科技重大专项和先进技术项目,在新材料、精细化工、高端装备制造、集成电路及工业基础软件等领域攻克一批"卡脖子"难题。围绕4个万亿级产业基地和22个重点产业集群的创新需求,建立"高精尖缺"技术及产品需求清单,实施一批"揭榜挂帅"项目。深入实施产业基础再造工程,突破基础零部件、基础工艺、基础材料等短板,实现本地化供应。

高标准建设科技成果转化中试基地,采取"高校院所+科技园区"方式共建大学科技园等各类特色创新园区,提升中试服务能力,打造"概念验证—中试熟化—产业化示范"转化链条。完善成果转化服务体系,组织高等学校、科研院所及企业开展"科技成果直通车"、科技活动周等对接路演活动。加强全省科技成果转化交易服务平台建设,培育建设一批省级以上技术转移机构科技成果转化专业服务人才。

习近平总书记在新时代推动东北全面振兴座谈会上强调,要推动产业链向上下游延伸,形成较为完善的产业链和产业集群。辽宁省要把发展经济的着力点放在实体经济上,持续做好结构调整"三篇大文章",着力推进4个万亿级产业基地和22个重点产业集群建设,加快构建具有辽宁特色优势的现代化产业体系。重大产业基地是一个地区经济增长的发动机,是辽宁振兴发展的经济主战场,要积极推动装备制造业向上突破,大力支持头部企业提高本地配套率,深化"整零共同体"示范,推进工业母机、燃气轮机、压缩机等重大产品创新应用,积极向国家争取大飞机、集成电路、船舶等重大项目在辽布局,争取建设国家重点产业链关键环节生产力备份基地。推动石化和精细化工向下延伸,着力延链补链强链。积极部署创新链,加快精细化工中试基地建设。推动炼化一体化重点项目建设,促进石化原料多元化延伸,推动基础化工原料向高端精细化学品和化工新材料延伸发展。

第四节　打造现代大农业发展先行地

为深入贯彻落实习近平总书记在新时代推动东北全面振兴座谈会上的重要讲话精神，辽宁省提出打造现代化大农业发展先行地，始终把保障国家粮食安全摆在首位，积极践行大食物观，建设大基地、培育大企业、发展大产业，在发展现代化大农业上探新路、当先锋。

一、建设现代农业大基地

辽宁省丰富的种植、畜牧、水产与森林资源优势为建设现代农业大基地提供了重要基础。作为粮食主产省，辽宁通过持续加强耕地保护、高标准农田建设和农业科技创新，不断提高农业生产经营水平和机械化利用率。2010—2022年，辽宁粮食播种面积占全国比重由2.9%提高到3.41%，粮食单产水平提高20%以上，用3.41%的播种面积贡献了全国粮食增量的5.34%。2023年新建和改造设施棚室6.1万亩，蔬菜、水果设施产量占总产量的80%以上。辽宁是畜牧和水产养殖大省，海水养殖面积全国第一，全省规模化畜牧养殖率达71%。2022年，全省肉、蛋、奶和水产品人均占有量分别是全国平均水平的1.39倍、3.07倍、1.5倍和2.39倍。辽宁还是农业"土特产"和林下经济大省，柞蚕、梅花鹿、食用菌、坚果、山野菜和浆果等生产在全国占有重要位置。通过全面振兴新突破三年行动，辽宁要以农业优势特色资源为基础、以优质农产品生产为目标、以农业生产"三品一标"为手段，推进高标准农田建设、农业设施建设和海洋牧场建设，统筹推进科技农业、绿色农业、质量农业、品牌农业，促进优势粮油产品、名优土特产品、设施农业优质产品、森林海洋产品提质增效，加快建设具有辽宁特色的粮经饲统筹、农林牧渔结合、植物动物微生物并举的多元化食物供给现代农业大基地。

二、培育现代农业大企业

辽宁拥有众多国家级和省级农业产业化龙头企业，为培育现代农业大企业奠定了良好基础。辽宁把建设现代农业企业作为实现农产品原料转化增值、促进农业增效、带动农民增收的重要手段。国家级重点龙头企业数量由2012年的16家发展到2022年的76家，新增省级重点龙头企业83家，规上食品工业营业收入预计1490亿元，同比增长10%。2023年1—10月，全省食品制造业增加值同比增长36.6%，高于全国平均水平。通过全面振兴新突破三年行动，辽宁将进一步发挥农业资源和原料产品优势，聚焦食品加工全链条产业，协同推进农产品初加工和精深加工，建设创新能力强、产业链条全、绿色底色足、安全可控、联农带农的各类农业大企业，补齐数量规模小的短板，增强经济效益低的弱项，完善精深加工缺的断链。加快培育农产品食品加工企业、农产品物流贸易企业、农业生产生活服务企业和乡村休闲旅游康养企业，形成现代农业大企业。

三、发展现代农业大产业

"一圈一带两区"区域布局为发展现代农业大产业规划了明确方向。《辽宁省推进"一圈一带两区"区域协调发展三年行动方案》进一步明确了辽宁省贯彻新发展理念，坚持陆海统筹、内外联动，合理分工、优化发展的区域发展格局，对辽宁发展现代农业大产业具有重要指导意义。该方案提出，实施品牌强农工程，打造特色农产品品牌，健全优势特色农产品产业链、供应链，建设15个现代农业产业园、3个优势特色产业集群和5个农业现代化示范区。以现代农业大基地为基础，高质量建设农业产加销贸服产业一体化，推动农业全产业链发展，促进全环节提升、全链条增值、全产业融合。以现代农业大企业为核心，形成区域内纵向产业集聚融合、区域间横向产业协调发展，增强现代农业产业发展韧性。利用数字化智能化手段促进现代农业产业转型升级，实现数字农业、智慧农业、电商农业创新引领发展。针对不同区域资源优势特点，通过大基地与农产品加工业、流通业、服务业等大企业协调发展，实现区域内外产业资源集聚、产业集群化发展，促进休闲旅游、体验教育、文旅创意、健康养老融合化发展，加快发展各具比较优势、合理分工、协同共进、优化发展的现代农业大产业。

四、营造良好的发展环境

发展现代化大农业需要良好的营商环境。辽宁学习浙江"千万工程"经验，提出"农村环境净化整治到位，农村公共基础设施和基本公共服务体系更加完善，乡村产业发展更具活力，乡村治理更加有效"的目标。辽宁城市化率、城市基础设施与公共服务水平较高，通过学习"千万工程"经验，完善农村公共基础设施服务体系，实现城乡基础设施公共服务体系的有效对接，促进城乡融合发展、城乡要素合理流动，为现代化大农业营造良好环境。辽宁产业门类齐全、工业体系完备，通过学习"千万工程"经验，做优乡村优势特色产业、促进农村三产融合发展，推动城市经济、县域经济与乡村经济协同联动，用新型工业化理念引领现代农业大产业发展，形成多点支撑、多业并举、多元发展的新格局，为发展现代化大农业奠定坚实的产业发展生态。

五、保障国家粮食安全

辽宁坚持"藏粮于地、藏粮于技"战略，抓住耕地和种子两个要害，筑牢粮食稳产保供根基。辽宁2021年完成3375多万亩高标准农田建设，2022年新建设390万亩，2023年颁布《高标准农田建设指南》地方标准，不断规范建设。辽宁拥有沈阳农业大学、辽宁省农科院、东亚种业等农业科研院校和龙头企业，通过加大种质资源收集与保护，开展联合育种攻关，培育并推广了大批高产、优质、稳产、绿色，具有自主知识产权的优良新品种。辽宁主要农作物良种覆盖率达到100%，主推技术到位率超过95%，水稻、玉米主要粮食作物耕种收综合机械化率分别达到97%和91%。目前，辽宁粮食生产综合能力稳定在500亿斤，比"十三五"期间提高35亿斤。接下来，还需持续发力落实最严格耕地保护制度，实施现代种业提升工程，做强现代农业"芯片"，培育种业龙头，不断提升科技创新支撑能力，为保障国家粮食安全做出更大贡献。

第五节　打造高品质文体旅融合发展示范地

推进文体旅融合发展是实现文化强国、旅游强国、体育强国的重要路径。高品质文体旅融合示范地目标的提出是落实习近平文化思想的重要举措，也是贯彻落实习近平总书记关于东北全面振兴重要讲话精神的具体体现。辽宁省委、省政府高度重视文体旅融合发展，出台《辽宁省打造高品质文体旅融合发展示范地指导意见》，并将其定位为未来发展战略目标，展现出辽宁省在新时代背景下谱写中国式现代化新篇章的远见卓识和积极作为。作为我国重要的工业大省、农业大省、海洋大省、科教大省、文化大省、旅游大省、体育大省，辽宁具有丰富的文化底蕴、产业资源、科教基础、人才支撑等优势条件，为打造高品质文体旅融合发展示范地奠定了重要基础。

沈阳和大连作为辽宁省的两大核心城市，其双城驱动的区域发展格局为辽宁省高品质文体旅产业的融合发展带来了前所未有的广阔空间。这一独特的双城模式不仅极大地提升了区域内的经济活力，还显著增强了文体旅产业之间的协同效应，使得资源得以更优化地配置，产业间的互补优势得到充分发挥。

沈阳和大连各自拥有独特的文化底蕴、丰富的体育资源和多样的旅游资源，这为两地的文体旅产业发展提供了坚实的基础。近年来，通过有效的资源整合和产业协作，两地共同推动了区域的整体发展，使得辽宁省的文体旅产业呈现出蓬勃的发展态势。与此同时，辽宁省的人口净流入显著增加，服务性消费需求不断释放，这进一步扩大了文体旅产业的消费群体基础，为产业的发展注入了强大的市场动力。

辽宁省多样化的产业门类为文体旅的创新融合提供了良好的基础条件。这里不仅拥有丰富的文化遗产和自然景观，体育事业也发展迅速，旅游资源更是在不断开发和提升中。这些多样化的产业资源为文体旅的融合发展提供了无限的可能性和广阔的发展空间。同时，辽宁省高水平的教育资源也为产业的高质量发展提供了强有力的人才保障。众多高校和科研机构培养了大量专业人才，为文体旅产业的发展提供了源源不断的智力支持和创新动力。

然而，在打造高品质文体旅融合发展示范地的过程中，辽宁省也面临着一些挑战。首先，文化内涵的挖掘和资源转化力度仍需加强。需要更深入地挖掘本土文化特色，提升文化产品的附加值，并通过市场化手段将文化资源有效转化为经济效益。其次，文体旅公共服务水平和数字化程度有待提高。需要提升旅游服务的智能化水平，提高体育场馆的管理和服务效率，以及增强文化活动的数字化传播能力，以满足人民群众日益增长的多样化、高品质服务需求。此外，龙头企业影响力不足也是一个亟待解决的问题。需要通过政策引导和扶持，增强文体旅领域龙头企业的影响力，改善民营企业的创新环境，激发企业的创新活力，推动产业向更高水平发展。同时，行政壁垒也制约了文体旅产业的发展。需要加强跨部门、跨领域的资源整合能力，打破行政壁垒，实现资源的高效配置和协同利用，以提升文体旅产业的整体竞争力。文体旅数据资源的分散也需要得到关注。需要建立高质量发展评估体系，通过科学的评估体系来监测和评估产业的发展状况，及时发现问题并进行调整，以确保文体旅产业持续健康发展。

辽宁长城沿线文体旅融合发展示范地研究

  为了实现文体旅产业的发展目标，加快打造高品质文体旅融合发展示范地，辽宁省需要坚持文化铸魂，以社会主义核心价值观为引领，推动人民精神生活共同富裕。通过弘扬优秀传统文化，增强文化自信，提升人民的文化素养和精神生活质量。同时，要坚持融合共生，加强统筹规划，促进文体旅与其他相关领域的深度融合，实现资源的高效利用和价值的最大化。

  辽宁省还应坚持科技赋能，因地制宜发展新质生产力，释放产业发展新动能。通过引入先进技术和管理模式，提升文体旅产业的创新能力和竞争力，实现产业的转型升级和高质量发展。同时，要坚持开放联动，立足辽宁东北亚枢纽地建设，推进高水平对外开放。通过加强与国内外的交流合作，吸引更多的优质资源和要素集聚辽宁，提升辽宁省在全球文体旅产业链中的地位和影响力。

  要坚持治理增效，破解指标体系构建难题，逐步发挥示范作用。通过建立科学的治理体系和评估机制，不断优化产业的发展环境和政策体系，为文体旅产业的高质量发展提供有力保障。这些策略的实施将有助于辽宁省文体旅产业的全面进步和区域经济的综合竞争力提升，实现人民生活水平的显著提高和社会的全面进步。

第六节　打造东北亚开放合作枢纽地

辽宁具备良好基础条件来打造东北亚开放合作枢纽地。从更高站位、更宽视野观察，打造这一枢纽地将在东北地区乃至东北亚地区发挥重要作用，具有深远意义。习近平总书记在新时代推动东北全面振兴座谈会上强调，东北是我国向北开放的重要门户，在我国加强东北亚区域合作、联通国内国际双循环中的战略地位和作用日益凸显，要求东北地区增强前沿意识、开放意识，提升对内对外开放水平，在畅通国内大循环、联通国内国际双循环中发挥更大作用。辽宁地处东北亚经济圈核心地带，既沿海又沿边，是"一带一路"建设的重要节点，是中国对接东北亚、沟通欧亚大陆桥的重要海陆门户，对外开放合作区域优势明显，是最具开放基因、开放潜能、开放活力的省份之一。打造东北亚开放合作枢纽地，是辽宁牢记嘱托、感恩奋进、不辱使命的政治担当。辽宁是东北地区唯一的沿海省份，经济总量、进出口总额和总人口分别占东北三省的50%、65%和44%左右。[1]因此，推进高水平对外

---

[1] 《打造东北亚开放合作枢纽地　深度融入"一带一路"　全力建设开放大省强省》，《辽宁日报》，2023年12月15日。

开放，辽宁责无旁贷，必须打头阵、挑大梁，我们有信心、有决心、有能力成为东北亚区域开放合作的枢纽。2023年是全面振兴新突破三年行动的首战之年，省委明确提出打造东北亚开放合作枢纽地，这是辽宁抢抓"十四五"时期后三年重要窗口期、机遇期的关键之举，是解决我们最现实、最紧迫问题的必由之路。

打造东北亚开放合作枢纽地，可以补齐东北经济中存在的开放合作短板，通过开放促改革，以改革带发展，发挥出应有潜力。高水平对外开放要找到自身的比较优势和独特定位，辽宁和东北亚国家合作具有地缘优势，如今也正逢难得机遇，由于世界地缘政治发生深刻变化，向东向北开放成为共建"一带一路"的重点方向，与日本、韩国、俄罗斯有着良好合作基础的辽宁将会有更广的合作空间、更多的合作机会。近年来，得益于《区域全面经济伙伴关系协定》(RCEP)的落实，粤港澳大湾区"近水楼台先得月"，成为对外开放的"桥头堡"，发展成效引人注目。如果我们将视野放宽，全力打造东北亚开放合作枢纽地，相信辽宁将同样成为对外开放的"桥头堡"，并倒逼改革深入推进，通过更为国际化的沟通融合，营商环境也会随之改善，辽宁经济发展将迈上新的台阶。从这个角度观察，打造东北亚开放合作枢纽地，就是辽宁顺应我国经济深度融入世界经济的趋势，奉行互利共赢的开放战略，在更大范围、更宽领域、更深层次上提高开放型经济水平的必由之路。

打造东北亚开放合作枢纽地的目标已经明确，接下来，应聚焦"六大工程"，并以其为重要抓手，将美好愿景变成振兴实景。辽宁省商务厅将牢记习近平总书记嘱托，按照省委明确的目标要求，知责担责、知重负重，以"六大工程"为重要抓手打造东北亚开放合作枢纽地，把目标切实转化为具体的工作举措，清单化、项目化、工程化推进，以实际行动向习近平总书记及省委交上一份满意答卷。实施打造枢纽扩开放工程，深度融入共建"一带一路"，坚持全力向北开放、聚焦东北亚、紧盯欧美、拓展西亚、辐射东南亚5个重点方向，全面提升辽宁省对外开放水平。实施提级增能筑平台工程，深化开发区体制机制改革，推动园区特色化、差异化发展。实施自贸试验区提升战略，彰显辽宁特色，在更广领域、更深层次大胆探索。加快中欧班列（沈阳）集结中心建设，将东北海陆大通道打造成为东北亚地区的物流枢纽和经济动脉。实施引强延链拓招商工程，开展"走出去""请进来"双向招商行动，重点引进一批装备制造、新材料、机器人、生物医药、新能源汽车、集成电路等领域龙头企业和世界500强企业，抓好标志性外资项目落地建设。提升辽宁招商引资促进周品牌影响力，助力4个万亿级产业基地和22个重点产业集群建设。实施增量提质强外贸工程，加快落实推动外贸优结构稳增长政策措施，实施"百团千企拓市场"行动，鼓励企业开拓国际市场，带动钢铁、汽车、工程装备、船舶等产品产能"走出去"。做大海外仓、转口贸易、保税维修等外贸新业态新模式，推动跨境电商与海外仓融合发展。实施创新联动促消费工程，开展2024年"乐购辽宁　惠享美好"系列活动，叫响辽宁促消费品牌。推动商旅文体融合促消费，开展房产家居联动促消费活动。走进北京、上海、广州等地推介优质的工业产品，促进辽宁产品走向全国。加快沈阳、大连区域消费中心城市建设。实施引育升级创名展工程，精心筹备第五届辽宁国际投资贸易洽谈会，高标准谋划品牌活动和配套活动。做强大连夏季达沃斯论坛等国际会议平台，推动制博会、数交会、大连海博会等国家级展会向高端化、国际化发展。加强"招展引会"，招引一批市场化品牌展览和高质量会议。支持沈阳、大连打造东北亚国际会展名城。

辽宁在交通运输网络上具备良好基础条件，依托三大口岸和中欧班列，不断完善向北开放运输大通道。经过多年发展，东北地区已基本建成以干线铁路、高速公路为骨架，普通公路、支线铁路为补充，沿海港口、民航机场和重要枢纽为支点的综合立体交通运输网络。以铁路为支撑、以中欧班列为载体，"通道并行、多点直达"的国际铁路班列运输网络不断完善。已形成港口直达口岸的三大通道：由大连港经沈大线、京哈线至哈尔滨到达满洲里，由大连港经沈大线、京哈线至哈尔滨到达绥芬河，由大连港经沈大线、沈山线至通辽、集宁到达二连浩特。目前，辽宁省发运的中欧班列可直达汉堡、杜伊斯堡、法兰克福等10个境外终到站，辐射全球近20个国家50余座城市。港口枢纽支撑能力不断强化，辽宁港口拥有生产性泊位439个，集装箱航线总数达195条，已连通东南亚、日韩、欧洲等160多个国家和地区，形成对RCEP核心港口全覆盖。2022年，省港口货物吞吐量达7.4亿吨，集装箱吞吐量1195万标箱，海铁联运水平全国领先，集装箱海铁联运量占港口集装箱吞吐量比重12%，全国第一。① 接下来，辽宁省将继续在提高交通基础设施联通度上不断发力，为打造东北亚开放合作枢纽地提供支撑。省交通运输厅将不断完善"通道+枢纽+网络"的现代综合立体交通网。未来五年，计划推进亿元以上重大交通项目156个；推动建设高速公路14条，总里程突破1800公里；计划建设改造干线公路7000公里；建设农村公路2.3万公里。省交通运输厅要将东北海陆大通道建设作为工作重点，依托辽宁省的海陆空交通资源优势和三省一区国门口岸优势，构建起北上俄蒙，西进中亚、欧洲，东连日韩，南连东南沿海、东南亚的海路互济大通道，积极融入共建"一带一路"和京津冀协同发展等国家战略。向北打造由辽宁沿海港口经沈阳、长春、哈尔滨至东北北部口岸通道，连通蒙古、俄罗斯及欧洲；向东继续巩固与日韩国家传

---

① 《量质齐升增实力 势头强劲创新高 中欧班列（沈阳）开行规模跃居全国第六位》，《辽宁日报》，2023年8月8日。

统贸易优势；加强与俄罗斯远东地区重要港口交流合作，稳定外贸航线；向南以辽宁沿海港口为海上向重要枢纽，加密与我国东南沿海内贸航线，积极拓展连接东南亚、澳洲、美洲等国际航线。同时，还要加强与京津冀地区、长三角地区等协同发展，强化京哈交通走廊带高铁、高速第二通道建设。

优化营商环境是辽宁打造东北亚开放合作枢纽地的基础条件。近年来，辽宁省优化营商环境工作领导小组充分发挥统筹协调作用，推动各地区各部门对标国际先进理念和标准，深入实施优化营商环境三年行动，全面落实《辽宁省优化营商环境条例》，优化营商环境，取得了积极成效。针对市场主体反映突出的痛点堵点问题，聚焦重点领域和关键环节，创新推进实施了一系列营商环境改革举措。省优化营商环境工作领导小组将继续发挥牵头抓总作用，推动各地区各部门对标国际先进理念和标准，深入实施优化营商环境三年行动方案各项任务，深化重点领域改革创新，持续优化营商环境，全面激发市场主体活力，全面提升辽宁省营商环境整体水平。省委、省政府正在加快推进投资环境、市场环境、开放环境、创新环境和人才环境"五大环境"建设，努力使辽宁成为东北亚地区营商环境最优省份。全省各地区各部门将坚持把优化营商环境摆在更加突出位置，对标先进理念和标准，推进优化营商环境政策举措落实，强化监督评估，确保工作实效，不断优化市场化、法治化、国际化营商环境，提升企业和群众满意度和获得感。

通过以上措施，辽宁将不断提高贸易投资便利化水平，优化营商环境，推动开放合作枢纽地的建设。未来，随着各项措施的深入实施和重点项目的加快建设，辽宁将进一步发挥自身优势，深化对外开放合作，为推动东北全面振兴和辽宁高质量发展做出更大贡献。在打造东北亚开放合作枢纽地的过程中，辽宁将继续深化改革开放，提升自身竞争力和吸引力，增强在东北亚区域合作中的话语权和影响力。辽宁将积极参与全球经济治理，推动建立公平、公正、包容、可持续的国际经济秩序，为全球经济发展贡献力量。总之，辽宁省提出的打造东北亚开放合作枢纽地战略目标，不仅是推动辽宁全面振兴的重要举措，也是深化改革开放的重要任务。通过这一战略的实施，辽宁将进一步加强与"一带一路"沿线国家和地区的合作，提升对外开放水平，推动经济高质量发展，促进区域合作共赢，为实现中华民族伟大复兴的中国梦贡献力量。

第三章

辽宁长城沿线文体旅融合发展问题分析

第一节　战略规划与顶层设计问题

一、战略规划与顶层设计不明确

文旅产业发展不聚集的问题，是当前文旅产业面临的一个重要挑战，主要源于战略规划与顶层设计不完善、政策引导不足、市场布局不合理、产业链不完善以及区域协同不充分等多个方面。这一问题不仅影响了文旅产业的集聚效应和整体竞争力，还制约了文旅产业的持续健康发展。

具体来说，一些地区在文旅产业发展过程中，缺乏针对产业集聚发展的明确战略规划和顶层设计，导致文旅项目分散布局，难以形成集聚效应和规模效应。同时，市场布局不合理也使得文旅项目盲目跟风、重复建设，造成资源浪费和竞争无序，进一步加剧了文旅产业发展不聚集的问题。

产业链的不完善也是文旅产业发展不聚集的一个重要因素。一些地区的文旅产业链存在不完善的问题，导致上下游企业之间缺乏有效衔接和合作，难以形成合力。这不仅影响了文旅产业的整体效益和竞争力，更制约了文旅产业的创新能力和发展潜力。

区域协同不充分也是导致文旅产业发展不聚集的原因之一。一些地区在文旅产业发展过程中，缺乏区域间的协同合作，导致各地文旅项目各自为政，难以形成统一的产业集聚区。这不仅影响了文旅产业的集聚效应和整体竞争力，还制约了文旅产业的区域协同发展和整体效益的提升。

文旅产业市场主体培育不足的问题，是当前文旅产业发展面临的另一个重要挑战。这同样是由于顶层设计与战略规划不明确导致的，这一问题主要体现在以下几个方面。

首先，市场主体实力不强是显著问题。文旅市场主体普遍存在规模小、实力弱的情况。许多涉旅企业资金投入不足，项目包装策划粗糙，储备项目单一，缺乏具有市场竞争力的产品和服务。这使得这些企业在激烈的市场竞争中难以立足，进而限制了文旅产业的整体发展水平。

其次，产品与服务同质化严重也是一大困扰。由于市场主体在产品、服务、创新等方面缺乏差异，文旅市场上同质化现象泛滥。这不仅让消费者在选择时感到困惑，还加剧了市场竞争的难度。同质化竞争削弱了企业的盈利能力，对文旅产业的可持续发展构成了威胁。

再者，专业人才培养体系的不完善也制约了市场主体的发展。文旅产业涉及多个专业领域，如文化创意、旅游规划与管理、营销策划等，但我国在这些领域的高素质专业人才培养上还存在短板。人才短缺限制了市场主体的创新能力和发展潜力，使得许多文旅项目难以得到专业有效的策划和实施。

此外，融资困难也是市场主体培育不足的重要原因。文旅项目的投资周期长、风险高，市场主体在融资方面常常面临困境。资金问题限制了项目的扩大和发展，也制约了市场主体的创意实施和创新能力的发挥。

最后，管理体制机制的不完善也制约了文旅产业市场主体的发展。目前，我国各地的文旅市场主体缺乏统一的管理规范，市场秩序混乱。监管力度的不足让一些不良商家有机可乘，这不仅损害了消费者的权益，还影响了整个文旅市场的形象和信誉。

二、政策体系与保障措施不完善

首先,政策体系的不完善是制约文旅产业发展的关键因素之一。一方面,当前一些地区在文旅产业发展上缺乏系统性的规划,导致政策制定和执行过程中缺乏连贯性和协同性。这种情况不利于形成完整的产业链和生态体系,进而影响了文旅产业的整体竞争力。另一方面,部分地区的文旅产业政策针对性不强,没有充分考虑到当地的文化旅游资源特点和市场需求,导致政策效果有限,难以有效推动当地文旅产业的发展。此外,一些地区的文旅产业政策创新不足,难以适应产业发展的需要,这也限制了文旅产业的创新能力和发展潜力。

其次,保障措施的不完善也是文旅产业发展面临的重要挑战。一方面,文旅项目的投资周期长、风险高,需要充足的资金支持。然而,一些地区在文旅产业发展上的资金支持力度不够,导致项目难以落地或进展缓慢。另一方面,文旅产业涉及多个专业领域,需要高素质的专业人才支撑。但是,一些地区在人才培养和引进机制上存在不足,导致人才短缺问题突出,影响了文旅产业的发展质量。此外,文旅市场的健康发展需要有效的市场监管,而一些地区在市场监管上存在不足,导致市场秩序混乱、不正当竞争等问题频发,这不仅损害了消费者的权益,还影响了文旅产业的形象和信誉。

第二节　资源整合与配置问题

一、辽宁长城沿线地区文体旅资源整合不足

辽宁长城沿线地区（以下简称"沿线地区"）文体旅资源整合不足的问题主要体现在以下几个方面。

其一，沿线地区虽然拥有丰富的文体旅资源，包括自然景观、文化遗产、体育赛事等，但这些资源的开发利用程度却往往不尽如人意。一方面，部分地区缺乏科学、系统的规划，导致资源开发无序，无法形成有效的资源整合和产业链构建；另一方面，由于地方财政压力、社会资本引入不足等原因，文体旅资源的开发往往面临资金投入有限的困境，这制约了资源的深度开发和高效利用。

其二，文体旅产业之间的融合是提升资源价值、增强吸引力的关键。然而，在沿线地区，文体旅产业的融合度普遍较低。现有的文体旅产品往往停留在传统的观光游、体育赛事观赏等层面，缺乏创新性和互动性，难以满足消费者日益多样化的需求。同时，文化、体育、旅游三个产业之间缺乏有效的协同和联动，各自为政，未能形成优势互补、资源共享的业态格局。

其三，沿线地区在经济发展水平、资源禀赋等方面存在差异，导致文体旅资源整合过程中存在不平衡现象。一些地区资源丰富但开发不足，而另一些地区则可能面临资源匮乏但开发过度的困境。这种不平衡现象不仅制约了资源的有效利用，也影响了沿线地区的整体发展。

其四，文体旅资源的整合需要高素质的专业人才和强大的创新能力作为支撑。然而，在沿线地区，这两个方面都存在明显不足。一方面，文体旅领域的人才储备不足，特别是缺乏具备跨学科知识和创新能力的高端人才。这导致在资源整合过程中缺乏专业的指导和规划。另一方面，由于人才短缺和体制机制不完善等原因，沿线地区在文体旅资源整合方面的创新能力普遍较弱。缺乏创新性的产品和服务，从而难以吸引消费者和投资者的关注和支持。

综上所述，沿线地区文体旅资源整合不足的问题是一个复杂而多维度的挑战。为了解决这些问题，需要政府、企业和社会各界共同努力，加强规划引导、加大资金投入、推动产业融合、促进区域协调发展以及培养和引进高素质人才等措施的实施。

二、资源利用率低

资源利用率低的问题在沿线地区的文体旅资源整合中表现得尤为突出，具体体现在以下几个方面。

首先，尽管部分地区的文体旅资源极为丰富，涵盖自然景观、文化遗产、体育赛事等多个方面，但遗憾的是，这些资源的开发利用程度却远远不足。大量的优质资源处于闲置状态，或者仅仅被低效利用，未能充分展现其应有的价值。这种情况不仅浪费了宝贵的资源，更制约了沿线地区文体旅产业的进一步发展。

其次，现有的文体旅产品在市场上往往显得缺乏创新。这些产品往往停留在传统的观光游、体育赛事观赏等层面，缺乏与消费者的互动性和深度体验。在消费者需求日益多样化的今天，这种缺乏创新的产品显然无法满足市场的期待，导致资源的市场吸引力严重不足。这种吸引力的缺失进一步影响了资源的利用率，使得原本可以发挥更大价值的资源被束之高阁。

最后，由于缺乏有效的资源整合和规划，部分地区在文体旅资源开发过程中出现了重复建设和无序开发的现象。这种现象不仅导致了资源的严重浪费，还使得资源的整体利用效率大大降低。无序开发和重复建设不仅破坏了资源的原有生态，还使得资源在市场上的竞争力大打折扣。这种情况无疑是对沿线地区文体旅资源整合的一大挑战，也是亟待解决的问题之一。

第三节　产业融合与创新问题

一、文体旅产业融合深度不够

从产品层面来看，现有的文体旅产品往往缺乏跨产业的融合元素，呈现出单一、独立的特性。文化、体育、旅游三大产业之间的界限较为明显，各自的产品和服务相对独立，未能形成有效的互补和共享。这种分割状态不仅导致消费者在体验时无法获得综合性的享受，更限制了文体旅产业的进一步发展和创新。例如，一些旅游景点仅仅提供观光服务，缺乏与体育或文化活动的有机结合，使得游客的体验相对单一，无法充分满足其多样化的需求。

从市场推广和品牌建设层面来看，文体旅产业在市场推广和品牌建设上往往各自为政，缺乏统一的形象和宣传策略。这使得文体旅产业在市场上的整体影响力较弱，难以形成具有吸引力的品牌效应。同时，由于缺乏统一的推广策略，各产业之间的宣传资源也无法得到有效整合和利用，导致市场推广效果不佳，进一步影响了产业融合的深度和广度。这种分散的市场推广和品牌建设方式不仅浪费了资源，还制约了文体旅产业的整体发展。

从人才培养和引进层面来看，文体旅产业也存在明显的不足。目前，具备跨产业知识和技能的复合型人才相对匮乏，这使得在产业融合过程中缺乏专业的指导和推动。由于人才短缺，各产业之间的合作和交流也受到限制，无法有效地打破产业壁垒，实现更深层次的融合与发展。这种人才瓶颈不仅制约了文体旅产业的创新和发展，还影响了产业融合的整体进程和效果。因此，加强人才培养和引进，培养具备跨产业知识和技能的复合型人才，是推动文体旅产业融合发展的重要举措。

二、技术与模式创新不足

在技术应用层面，文体旅产业对于新兴技术的采纳和应用相对滞后。尽管现代科技如大数据、人工智能、虚拟现实等已经为各行各业带来了深刻的变革，但在文体旅产业中，这些技术的应用仍然有限。例如，许多旅游景点仍然依赖传统的售票和导游服务，而没有充分利用智能导览、在线预约等数字化手段来提升游客体验。这种技术应用的滞后不仅限制了产业的服务质量，更影响了产业的竞争力和可持续发展能力。

在业务模式创新方面，文体旅产业同样表现出不足。传统的业务模式往往侧重于单一的观光或体验服务，缺乏跨产业、跨平台的综合性服务。例如，一些体育赛事仅仅提供现场观赛服务，而没有与文化旅游、休闲娱乐等其他产业进行有机结合，形成更为丰富和多元化的业务模式。这种业务模式的单一性不仅限制了产业的盈利空间，更无法满足消费者日益多样化的需求。

在创新投入和合作机制方面，文体旅产业也存在明显不足。由于创新需要投入大量的资金、人力和时间成本，而且面临较高的风险，因此许多企业在创新方面持保守态度。同时，由于缺乏有效的合作机制和平台，企业之间、产业之间的创新合作也相对较少，无法形成协同创新的良好氛围。这种创新投入和合作机制的不足进一步制约了文体旅产业的技术与模式创新进程。

第四节　基础设施与公共服务问题

一、基础设施建设不足

基础设施建设不足在文体旅产业中的具体表现如下。

部分地区的交通网络尚未形成完善的体系，尤其是偏远或新兴文体旅目的地，交通可达性较差，游客前往不便。这不仅限制了游客的流动，也影响了当地文体旅资源的开发利用。同时，一些地区的交通设施存在老化、陈旧的问题，如道路破损、桥梁承载能力不足等，给游客的出行带来安全隐患，降低了旅游体验质量。

在旅游旺季，部分地区的住宿设施供不应求，尤其是高品质的酒店和民宿资源稀缺。这既推高了住宿价格，也影响了游客的住宿体验。此外，一些地区的餐饮设施种类单一，缺乏地方特色和创新菜品，无法满足游客多样化的餐饮需求。同时，餐饮卫生和服务质量也有待提升。

部分地区的旅游信息服务体系尚未健全，游客在获取旅游信息、预订门票和预约住宿等方面存在不便。这影响了游客的出行决策和旅游体验。同时，在一些地区，旅游安全保障设施如紧急救援站、医疗点等设置不足，一旦发生意外情况，难以及时有效地进行救援和处理。

部分地区的文体旅产业数字化水平较低，缺乏智慧旅游基础设施的支持。如在线预订、电子导览、智能停车等数字化服务尚未普及，影响了游客的便捷性和体验感。同时，由于各部门、各企业之间的数据壁垒和信息孤岛现象严重，导致旅游数据无法有效共享和利用，制约了智慧旅游的发展和应用。

二、公共服务体系不健全

公共服务体系不健全在文体旅产业中的具体表现十分明显。

首先，信息咨询服务不到位是一个突出的问题。游客在规划行程时，经常难以获取全面、准确、及时的文体旅信息。部分地区的官方网站和旅游平台信息更新滞后，导致游客获取的信息不准确或不完整。此外，一些旅游目的地缺乏专业的旅游咨询服务中心或热线，游客在旅途中遇到问题时无法及时得到解答和帮助，这无疑给游客造成了不好的旅游体验。

其次，安全保障服务的薄弱也是公共服务体系不完善的重要体现。一些景区、体育场馆等场所的安全设施不完善，如紧急疏散通道不畅、消防设施不足等，这些都存在安全隐患。更为严重的是，在发生突发事件时，部分地区的救援体系响应速度慢、救援能力不足，无法及时有效地保障游客的生命财产安全，这无疑让游客的旅游过程充满了不确定性和风险。

再者，投诉处理机制的不完善也是公共服务体系的一个短板。游客在旅游过程中遇到问题时，往往难以找到合适的投诉渠道进行反馈。部分地区的投诉电话、邮箱等投诉方式形同虚设，无人接听或处理效率低下。即使游客成功投诉，部分地区的处理结果也往往不尽如人意，存在推诿扯皮、处理不公等现象，这导致游客对当地的公共服务体系产生强烈的不满。

此外，便民服务设施的缺乏也是公共服务体系不完善的一个具体表现。部分景区、公共场所的公共卫生间数量不足、分布不均，这给游客带来了极大的不便。同时，对于特殊群体如老年人、残疾人等，部分地区的无障碍设施建设不完善，这严重影响了他们的旅游体验。

最后，智慧化服务水平的低下也是公共服务体系不完善的一个重要方面。部分地区的公共服务体系尚未实现数字化、智能化转型，游客在享受服务时仍需依赖传统方式，效率低下。随着游客需求的多样化、个性化发展，部分地区的公共服务体系仍停留在"一刀切"的服务模式上，无法提供个性化的服务体验，这显然无法满足游客日益增长的多样化需求。

综上所述，公共服务体系的不完善在文体旅产业中表现为信息咨询服务不到位、安全保障服务薄弱、投诉处理机制不完善、便民服务设施缺乏以及智慧化服务水平低等多个方面。这些问题既降低了游客的旅游体验，也制约了文体旅产业的可持续发展。因此，为了提升游客的旅游体验和促进文体旅产业的可持续发展，需要不断完善公共服务体系。

第五节 文化传承与品牌建设问题

一、历史文化传承度不够

历史文化传承度不够在文体旅产业中的表现尤为突出,主要体现在以下几个方面。

首先,对历史文化资源的挖掘和展示不够深入。许多具有深厚历史文化底蕴的景点或活动,由于缺乏有效的挖掘和整理,其背后的历史故事、文化价值以及与之相关的传统习俗等都没有被充分展现出来。游客在参观过程中,往往只能看到表面的景象,难以深刻感受到其背后的历史文化内涵,这无疑削弱了游客的旅游体验。

其次,历史文化与现代文体旅产业的融合度不高。在开发文体旅项目时,一些地方往往过于注重现代化的元素,如高科技设施、时尚活动等,而忽视了与当地历史文化的结合。这种缺乏文化底蕴的项目往往缺乏独特的魅力,难以吸引游客深入了解和体验。实际上,将历史文化与现代元素相结合,可以创造出更具吸引力和独特性的文体旅产品,有助于提升游客的满意度和忠诚度。

再者，历史文化教育和传播力度不足。许多游客在游览过程中，对于所接触到的历史文化知识缺乏足够的了解和认识。这主要是由于历史文化教育和传播力度不足所导致的。如果游客在游览过程中能够获得更加丰富的历史文化知识，他们将更加深入地了解和欣赏所参观的景点或活动，从而获得更加丰富的旅游体验。

最后，历史文化保护意识有待加强。在一些地方，由于缺乏对历史文化的足够重视和保护意识，导致一些具有历史文化价值的建筑、遗址等受到破坏或遗失。这种破坏和遗失不仅是对历史文化传承的一种巨大损失，还影响了文体旅产业的可持续发展。实际上，保护历史文化资源就是保护文体旅产业的根基和灵魂，只有加强保护意识，才能实现文体旅产业的长期繁荣和发展。

以上这些问题不仅影响了游客的旅游体验，也制约了文体旅产业的深层次发展。为了提升游客的旅游体验和促进文体旅产业的可持续发展，我们需要深入挖掘和展示历史文化资源，加强历史文化与现代文体旅产业的融合，加大历史文化教育和传播力度，以及提高人们的历史文化保护意识。

二、辽宁长城品牌影响力不够

首先，从历史与文化背景来看，辽宁地区并非传统意义上的长城主要分布区。虽然长城作为中国古代的军事防御工程在多个省区市都有分布，但辽宁段的长城可能不如其他著名段落那样广为人知，这在一定程度上限制了其影响力的提升。

其次，保护与宣传力度不够。一方面，辽宁段的长城可能面临自然侵蚀、人为破坏等问题，导致其保存状况不佳，难以吸引游客和学者关注；另一方面，与一些知名度较高的长城段落相比，辽宁长城在宣传推广方面可能投入不足，缺乏有效的宣传渠道和手段，导致其知名度和影响力有限。

此外，旅游开发滞后也是制约辽宁长城影响力提升的一个重要原因。一方面，辽宁长城周边的旅游设施不够完善，如交通不便、住宿条件有限等，这影响了游客的游览体验，进而限制了其影响力的扩大；另一方面，在旅游产品开发方面，辽宁长城可能缺乏创新性和吸引力，难以满足游客多样化的需求，这也在一定程度上限制了其品牌影响力的提升。

最后，品牌塑造与传播不力。一方面，辽宁长城在品牌塑造方面缺乏明确的定位和差异化策略，难以在众多长城段落中脱颖而出；另一方面，在传播渠道方面，辽宁长城未能充分利用现代媒体和互联网技术进行广泛传播，导致其知名度和影响力难以迅速提升。

第四章

辽宁长城沿线文体旅融合发展示范地构建策略

第一节 战略规划与顶层设计

一、制定明确的战略目标与规划

示范地构建以习近平新时代中国特色社会主义思想为指导，全面贯彻党的二十大精神，深刻领悟"两个确立"的决定性意义，增强"四个意识"、坚定"四个自信"、做到"两个维护"，深入贯彻落实习近平总书记关于东北、辽宁振兴发展的重要讲话和指示批示精神，完整、准确、全面贯彻新发展理念，主动服务融入新发展格局，着力推动高质量发展，统筹质的有效提升和量的合理增长，突出变革重塑、创新驱动，按照辽宁省委、省政府全面振兴新突破三年行动安排部署，锚定省"十四五"旅游业发展规划目标，充分发挥重大文旅产业项目带动作用，把文旅产业培育成现代服务业发展新引擎、国民经济战略性支柱产业，全面建设旅游强省。

另外，还应充分整合利用辽宁省全省丰富的文旅资源，打造"六地"红色旅游新高地、中国北方生态旅居胜地、大众冰雪旅游最佳体验地、现代旅游消费集散地，全面提升"东北亚旅游目的地"美誉度，构建文旅产业高质量发展平台。到2025年，现代文旅产业体系进一步健全，产业综合竞争力和治理能力进一步提升。以 2022 年为基点，全省文旅产业项目投资额和旅游总收入实现双倍增，接待游客人数增长 2 倍，旅游及相关产业增加值占地区生产总值比重达到 5%。

要打造"六地"红色旅游新高地。以抗日战争起始地、解放战争转折地、新中国国歌素材地、抗美援朝出征地、共和国工业奠基地、雷锋精神发祥地红色资源为重点，提升红色旅游系列经典景区，支持发展红色旅游演艺、红色文创开发，创建国家红色旅游融合发展示范区。

培育中国北方生态旅居胜地。发挥辽宁全省旅游资源品类全、自然人文环境美、人居气候条件优、城市化率高、旅游交通便捷的综合优势，大力推进滨海旅居、森林旅居、乡村旅居等旅游新业态，高起点、高标准、高质量发展生态旅居产业。

建设大众冰雪旅游最佳体验地。充分利用辽宁地处冰雪黄金纬度带、冬季降雪量大质柔、气温舒适度高、温泉遍布全省等地理资源与气候特点，打造国家及省级滑雪旅游度假地。挖掘民族民俗文化、冰雪文化价值内涵，丰富产品供给，构建冰雪产业发展新格局。

构建现代旅游消费集散地。坚持扩大内需战略基点，适应高品质、微度假、多层次、高频率等现代旅游消费需求新趋势，大力培育旅游消费新业态。支持有条件的地区创建国家文化和旅游消费试点、示范城市。

（一）进一步促进文旅产业集聚发展

升级沈阳现代化都市圈文旅产业集聚区。以沈阳市为中心，辐射鞍山、抚顺、本溪、辽阳、铁岭、阜新、沈抚示范区，搭建都市旅游圈高能级文旅产业发展平台，推动沈阳建设东北亚旅游集散中心、区域性文化创意中心，重点发展都市旅游圈的历史文化游、冰雪温泉游、工业体验游、体育赛事游、演艺娱乐游、乡村休闲游等业态。打造都市圈旅游核心吸引力，支持沈阳方城创建 AAAAA 级旅游景区，搭建沈阳现代化都市圈旅游产业联盟、体育创新发展联盟，全面提升都市圈文旅产业一体化发展水平。

建设"中国最北海岸"休闲度假旅游带。以大连市为龙头，以丹东、锦州、营口、盘锦、葫芦岛等滨海城市为支撑，推进滨海旅游设施升级、业态更新和服务提效。加快大连金石滩、长山群岛、东港海滨温泉、锦州湾滨海湿地温泉、营口海滨旅游、盘锦红海滩湿地、葫芦岛东戴河等旅游产品升级。积极推动丹东边境旅游试验区、跨境旅游合作区创建。建设中国邮轮旅游发展实验区，探索环黄渤海邮轮多城市联运试点，启动实施"海上游辽宁"项目，带动沿海六市文旅产业协同发展。

建设对接京津冀辽西文化旅游先行区。充分发挥锦州、朝阳、阜新、葫芦岛等市的区位优势及高铁、高速等通达优势，依托辽西旅游大环线建设，积极对接京津冀城市群客源市场，共同开发京津冀休闲度假旅游市场。锦州市重点建设医巫闾山风景区，创建辽沈战役红色旅游融合发展示范区；朝阳市重点开发牛河梁国家考古遗址公园建设项目、白垩纪主题乐园旅游度假区、浴龙谷温泉度假区等文化旅游项目，支持北票大黑山创建 AAAAA 级旅游景区；阜新市重点开发草原旅游、康养温泉、世界玛瑙之都产业基地等项目；葫芦岛市叫响"世界泳装之都""关外旅游第一市"品牌，重点开发兴城古城、九门口水上长城、东戴河滨海休闲度假带等项目。

创新发展辽东绿色生态旅游示范区。依托岫岩、凤城、宽甸、本溪、桓仁、抚顺、新宾、清原、西丰九县丰富的森林资源、中药材资源和优质水资源，推进生态旅游发展体制机制改革创新，重点开发"红色游""冰雪游""民俗游""温泉游""赏枫游""旅居游""地质游"等特色旅游业态，支持五女山、天桥沟等景区创建 AAAAA 级旅游景区，指导支持建设 2 个国家绿色旅游发展先行区。

（二）进一步强化文旅产业市场主体培育

深化国有文旅企业改革创新。加强与央企、民企全方位战略合作，积极引入战略投资者，实现股权多元化和经营机制多样化，放大国有资本功能，提高国有资本配置和运行效率。市场化推进优质旅游资源跨区域跨层级战略性重组和专业化整合，优存量，引增量，打造省级旅游产业优势品牌和核心IP产品。持续推进国有旅游景区所有权、管理权和经营权相分离，建立现代企业制度，创新股权激励机制，推动国有A级旅游景区专业化运营。按照"一企一策"原则，支持各地妥善处理国有文旅企业历史遗留问题，盘活国有文旅存量资产，用活用好文旅地方专项债、开发性金融工具，做优省属旅游集团企业，整合市县文旅集团企业。

支持民营文旅企业发展壮大。支持民营文旅企业发展壮大，是推动文化旅游业高质量发展的重要任务。应切实落实"两个毫不动摇"原则，依法保护文旅领域民营企业的合法权益，优化政策环境，加强法治保障，促进创新发展，强化人才支撑，鼓励其积极参与国家重大战略，同时加强行业自律与合作，为民营文旅企业的健康发展创造更加有利的条件和环境。

二、完善政策体系与保障措施

（一）加强党的全面领导

把党的领导贯穿文旅产业高质量发展全过程、各环节。充分发挥党委把方向、管大局、做决策、保落实的领导作用。强化党建赋能，发挥文化和旅游领域基层党组织战斗堡垒作用和广大党员先锋模范作用。调动各方面的积极性、主动性和创造性，形成综合产业综合抓的合力。要进一步加强对文化和旅游产业发展的顶层设计和战略规划，确保各项政策和措施落到实处。通过党建引领，促进文化和旅游产业的深度融合，推动形成以文化促旅游、以旅游带文化的发展新格局，以高质量党建引领文旅产业高质量发展，为实现"十四五"时期旅游业发展目标、服务全面振兴新突破三年行动提供坚强保障。

（二）夯实政府主体责任

充分发挥各级文化和旅游工作领导小组作用，健全完善协调机制。各级政府应加强对文化和旅游产业的统筹谋划、组织协调、整体推进，形成上下联动、左右协同的工作格局。要统筹发展和安全，压实安全生产、环境保护责任，确保文旅产业在发展的同时不忽视安全和环保。各级政府应加强对行业发展重大问题的研判和科学决策，及时研究和解决发展中的困难和挑战。每年召开由省委、省政府主办，各市轮流承办的全省文化和旅游发展大会，集中推动承办并健全文旅设施，充分展示文旅产业高质量发展成果，同时总结经验，推广典型，推动全省文旅产业共同进步。

（三）强化关键要素供给政策体系

落实好文旅用地各项政策，将文旅产业发展所需用地纳入国土空间规划统筹安排，保障旅游重点项目和乡村旅游等项目新增建设用地。鼓励通过开展城乡建设用地增减挂钩和工矿废弃地复垦利用试点的方式建设旅游项目，盘活闲置土地资源。特别是鼓励利用除生态保护红线以及自然保护地核心保护区外的"荒山、荒沟、荒丘、荒滩"闲置土地开发文旅项目，促进资源合理利用。农村集体经济组织可依法使用国土空间规划确定的建设用地兴办文旅企业或者与其他单位、个人以土地使用权入股、联营等形式共同兴办文旅企业，激发农村地区的发展活力。市场主体利用旧厂房、闲置仓库提供符合国家支持的高质量发展需要的旅游集散体系建设、文化旅游休闲服务设施建设的，按规定可享受在五年内不改变用地主体和规划条件的过渡期支持政策，为企业提供更多发展空间和政策支持。要依法合理安排文旅产业发展用海需求，鼓励发展休闲度假旅游，拓展海洋旅游新领域。

（四）健全财政金融政策体系

用好省本级旅游发展专项资金，支持公共旅游形象推广宣传、国家级旅游品牌创建、旅游公共服务设施建设、旅游市场拓展等，提升文旅产业整体形象和服务水平。鼓励有条件的市县设立旅游发展专项资金，用于支持区域性旅游业发展，促进区域经济协调发展。鼓励有条件的地区按政府引导、市场运作、科学决策、防范风险的原则，探索设立文旅产业投资发展基金、文旅金融服务中心等金融服务平台，创新文旅产业融资产品，加强企业融资服务，完善担保补助等金融扶持政策，为文旅企业提供多元化的金融支持。鼓励和支持各级发展改革、交通运输、农业、林业、海洋渔业、水利、住房城乡建设、文化、环保、体育等专项资金，在符合条件的前提下，向文旅产业项目倾斜，形成资金支持合力，推动文旅产业高质量发展。

（五）建立健全经济运行分析研判机制

统筹全省文旅产业经济指标，筑牢统计支撑体系，科学确定统计对象范围，做到应统尽统，为政策制定和产业发展提供科学依据。加强与统计、商务、交通等相关部门合作，形成数据共享和信息交流机制，提升分析研判的科学性和准确性。每月提交经济运行分析报告，详细分析全省文旅产业的发展态势、存在问题及未来趋势，为把握全省发展形势、谋划工作举措提供参考依据。通过建立健全经济运行分析研判机制，及时调整和优化政策措施，确保文旅产业健康、持续、快速发展。

第二节　资源整合与优化配置

一、整合辽宁长城沿线地区文体旅资源

辽宁省在文旅战线全面推进高质量融合发展，通过多项措施确保旅游综合收入和接待人数等关键指标的持续增长，助力全面振兴新突破三年行动攻坚战，夯实文体旅支柱产业的基础。

首先，辽宁省着力推进文体旅高质量融合发展，聚焦"吃、住、行、游、购、娱"六大要素的全面整合，优化全省文体旅资源配置，提升文体旅综合效应。通过丰富文体旅产品供给，推出更多符合市场需求且富有地方特色的文体旅融合产品和线路，延长产业链条，深入挖掘不同游客群体的潜在需求，培育和壮大文体旅消费市场。同时，加强对文体旅资源的保护和利用，通过科学规划和合理开发，确保资源的可持续发展。

其次，辽宁省加快文体旅融合发展目的地建设，充分发挥文化赋能、体育牵引和旅游带动作用，推动企业建设新项目、打造新场景、增加新体验、创造新模式。重点推进国家AAAAA级旅游景区和国家级旅游度假区建设，实施"海洋—海岛—海岸"立体开发战略，建设海湾文化体育旅游消费集聚

区、滨海旅游度假区和海岛旅游度假区，形成具有国际吸引力和竞争力的海洋文化体育旅游产业集群。通过提升基础设施和服务水平，增强旅游目的地的综合竞争力。

此外，辽宁省统筹推进各类文化、旅游和体育活动，通过一体化谋划和开展戏剧节、音乐节、动漫节、文旅展会等活动，以及各类体育赛事，将专业演出和赛事活动融入旅游景区和消费场景，创新商业模式，发展文体旅消费"夜经济"，延长活动消费链条，丰富活动内容。借助第十五届全国冬运会的契机，推动冰雪旅游发展，提升冰雪运动、赏冰戏雪和冰雪赛事节会等冰雪旅游产品的品质。同时，通过举办大型活动和赛事，提升辽宁在国内外的知名度和影响力。

在品牌建设方面，辽宁省深入实施"辽字号"文体旅融合发展品牌提升行动，加强与文化、体育、旅游领域的国内领先企业和平台的合作，提升辽宁品牌的知名度和美誉度。同时，鼓励各地基于区域优势和特色产业，推出简洁易记、彰显城市魅力的文体旅融合发展品牌。通过品牌化运营，提高辽宁文体旅产品的市场竞争力和品牌价值，吸引更多游客和投资者。

最后，在"暑期假日游""十一国庆游"和"温泉冰雪游"等旅游旺季，辽宁省持续优化文体旅服务环境，推动智慧文旅建设，完善旅游公路、特色餐饮和接驳系统等基础设施，提升旅游服务能力。推动多样化支付服务发展，满足老年人和外籍来华人员等旅游群体的多样化支付需求，为游客提供更加舒适和便捷的旅游环境。同时，加强旅游安全管理和服务质量监管，确保游客的旅行体验和安全保障。

二、优化资源配置，提高利用效率

辽宁在优化文体旅资源配置、提高利用效率方面，采取了多项具体措施，旨在推动文体旅产业的高质量融合发展。这些措施的实施，不仅提升了资源利用效率，也推动了文体旅产业的高质量融合发展。以下是具体的措施及其带来的成效。

首先，辽宁省加强了对文化、体育、旅游资源的全面梳理和整合。通过打破行业壁垒，实现资源共享，辽宁省能够更有效地盘活现有资产，开发出各类文体旅融合产品。为了更好地管理和利用这些资源，辽宁省建立了统一的文体旅资源管理平台。这一平台不仅提高了资源的利用效率，还增强了资源的国际影响力和竞争力。此外，辽宁省积极与优质国际体育品牌合作，通过引进高水平的赛事和活动，提升了辽宁在国际文体旅市场的知名度和影响力。

其次，辽宁省大力推动体育赛事与文化、旅游、教育等新业态的融合。通过鼓励开发结合地方文化和景观的旅行线路，辽宁省为游客提供了更为丰富和多样的旅游体验。这不仅提升了游客的满意度，也带动了地方经济的发展。辽宁省还鼓励企业和个人积极参与文体旅产品的开发和创新，通过市场化手段推动文体旅产业的持续发展和升级。此外，辽宁省出台了一系列政策措施，提供政策红利，支持来辽投资发展文旅产业。对新获评的景区和度假区，辽宁省给予了相应的奖补，以激励更多景区和度假区提升服务质量和运营水平。

再次，在提升服务质量与市场推广方面，辽宁省加大了讲解员和导游员人才队伍的培养力度。通过系统培训和职业教育，辽宁省不断提升讲解员和导游员的专业素养和服务水平，为游客提供更为优质的导览服务。同时，辽宁省加强了文旅宣传推广力度，建立了多级联动推广机制。通过多渠道、多形式的宣传推广，辽宁省提升了文体旅品牌的知名度和美誉度，吸引了更多国内外游客前来体验。

最后，辽宁省强化了基础设施建设与智慧旅游的发展。通过升级改造重点景区道路及旅游交通标识体系，辽宁省提升了游客的出行便利性和安全性。此外，辽宁省建成并运行了"辽宁智慧文旅平台"，推动智慧景区建设。通过这一平台，游客可以实现在线购票、智能导航、实时查询景区信息等功能，极大地提升了旅游体验的便捷性和舒适性。同时，智慧文旅平台的运行也为景区管理提供了大数据支持，提升了景区的管理效率和服务水平。

第三节 产业融合与创新发展

一、推动文体旅产业深度融合

党的二十大报告提出了"坚持以文塑旅、以旅彰文,推进文化和旅游深度融合发展"的战略思路,为文旅融合发展指明了方向。2022年,习近平总书记关于加快建设京张体育文化旅游带的重要指示,为我国文体旅融合发展提供了样板。中国共产党辽宁省第十三届委员会第六次全体会议进一步提出,辽宁省要打造高品质文体旅融合发展示范地的目标。"十四五"时期,辽宁充分利用全省"一圈一带两区"区域发展优势,提出"沈阳现代化都市圈文化旅游一体化""滨海文化旅游带""辽东生态和鸭绿江边境文化旅游带""辽西文化旅游大环线"体系建设,构建起辽宁文旅发展的总体格局。

随着国家层面对文化和旅游业的重视,文旅融合成为学术研究的热门话题,研究视角多元化,涵盖红色旅游、旅游短视频传播、乡村振兴背景下的文旅融合以及数字技术与旅游的结合等热点领域。

（一）辽宁文体旅融合发展现状

1. 政策支持

辽宁省在国家发布的文化、旅游和体育政策文件的指导下，紧密结合自身的地域特点和发展实际，出台了一系列具有针对性的发展规划和实施方案，以全面推动文化强省、体育强省和旅游强省的建设。这些规划和方案不仅体现了国家战略在辽宁的具体化，还为辽宁省未来的发展方向和路径提供了清晰的指导。

首先，《辽宁省"十四五"体育事业发展规划》明确了在"十四五"时期，辽宁体育事业的发展目标、重点任务和实施路径。该规划提出，辽宁将积极推动全民健身事业的发展，建设更多的体育场馆和设施，提升人民的身体素质。同时，辽宁将大力发展竞技体育，通过完善运动员培养体系和举办高水平体育赛事，提升辽宁在全国体育领域的竞争力。此外，该规划还强调了体育产业的培育和发展，特别是在体育用品制造、体育服务等领域，推动体育产业与科技、文化、旅游等产业的融合发展，形成新的经济增长点。

其次，《辽宁省"十四五"旅游业发展规划》则聚焦于旅游业的提质增效，提出了建设具有辽宁特色的旅游品牌、提升旅游服务水平、优化旅游基础设施等一系列措施。该规划指出，辽宁将充分利用其丰富的自然景观和文化遗产，打造一批具有国际竞争力的旅游精品线路和产品。同时，辽宁将大力发展智慧旅游，通过数字化手段提升旅游管理和服务水平，增强游客的体验感和满意度。该规划还提出，辽宁将积极开拓国内外旅游市场，提升旅游业对全省经济的贡献率，助力辽宁成为国内外知名的旅游目的地。

第三，《辽宁省"十四五"文化和旅游发展规划》提出，辽宁将深入挖掘和弘扬本土文化，通过文化与旅游的深度融合，提升文化软实力。该规划强调，辽宁将加强文化遗产的保护和利用，特别是依托长城、六大古城、红色文化遗址等独特资源，打造一批具有文化内涵的旅游产品。同时，辽宁将积极推动文化创意产业的发展，鼓励文化企业创新文化产品和服务，通过文化和旅游的双向驱动，实现文化价值的市场转化，助力辽宁文化强省建设。

第四，《辽宁省红色旅游发展规划（2022—2030年）》则进一步细化了红色旅游的发展路径。该规划提出，辽宁将依托丰富的红色文化资源，打造一批具有深刻历史内涵和教育意义的红色旅游景区和线路。通过红色文化的传播和教育功能，辽宁将促进全社会对革命精神的认知和传承，同时带动地方经济的发展，形成红色旅游的品牌效应。

第五，为了推动文化和旅游产业的高质量发展，辽宁还出台了《辽宁省文旅产业高质量发展行动方案（2023—2025年）》，该方案提出了一系列具体的措施和目标，旨在提升文化和旅游产业的整体竞争力。通过加强政策扶持、优化营商环境、推动产业创新等手段，辽宁将努力实现文化和旅游产业的跨越式发展，助力全省经济的转型升级。

最后，《辽宁省冰雪经济高质量发展实施方案》则针对冰雪经济这一具有辽宁特色的产业，提出了发展方向和实施路径。该方案指出，辽宁将充分利用其气候和地理优势，积极发展冰雪旅游、冰雪运动、冰雪文化等相关产业，打造全国知名的冰雪经济高地。通过举办冰雪赛事、开发冰雪旅游产品、培育冰雪文化品牌，辽宁将推动冰雪经济与其他产业的融合发展，形成新的经济增长点，助力全省经济高质量发展。

2. 文体旅精品项目涌现

自2023年以来，辽宁省在全国文化和旅游领域取得了一系列显著成就，多个项目成功入选国家级的试点名单和示范单位，展示了辽宁在智慧旅游、文化和旅游融合、乡村振兴等方面的卓越表现和创新能力。

辽宁省在智慧旅游领域的创新发展得到了游客广泛认可。多个项目成功入选了全国智慧旅游沉浸式体验新空间培育试点名单。这些项目通过先进的数字技术和创新的体验设计，打造出了具有强烈沉浸感和互动性的旅游新空间，为游客提供了独特的文化旅游体验。这不仅提升了游客的满意度，也为辽宁的旅游业注入了新的活力，推动了全省旅游业向智能化和数字化方向发展。

在文化和旅游赋能乡村振兴方面，辽宁省的多个项目被评选为国家文化和旅游赋能乡村振兴优秀案例。这些项目通过文化和旅游资源的整合，激发了乡村地区的发展潜力，带动了当地经济的增长和农民的增收。通过推动乡村文化资源的保护与传承，发展特色旅游产业，辽宁省不仅改善了乡村的基础设施和公共服务，还成功吸引了大量游客前来体验，进一步促进了城乡之间的协调发展，成为全国乡村振兴的标杆。

同时，辽宁省在推动文化产业和旅游产业融合发展方面也取得了显著成效，多个地区和单位入选了文化产业和旅游产业融合发展示范区建设单位。这些示范区通过整合区域内的文化和旅游资源，创新文化产品和旅游服务，形成了具有鲜明地方特色的产业链条。通过文化与旅游的深度融合，这些示范区不仅提升了产业的附加值，也增强了辽宁省在全国文化旅游市场的竞争力。

在旅游线路评选方面，辽宁省也表现突出。多条旅游线路被评选为2023—2024年全国十大冰雪旅游精品线路、全国乡村旅游精品线路和2024年春节假期体育旅游精品线路。这些获奖的旅游线路展示了辽宁丰富的自然资源和文化底蕴，不仅包括冰雪运动和体验项目，还涵盖了乡村风情、民俗文化等多元化的旅游元素。这些精品线路不仅为游客提供了多样化的旅游选择，还进一步提升了辽宁在全国旅游市场的知名度和美誉度，成为吸引国内外游客的重要亮点。

沈阳市在2023年被评选为"游客满意十佳城市"之一，进一步彰显了辽宁省在提升旅游服务质量和游客满意度方面的卓越成就。沈阳市通过不断优化城市旅游环境，提升公共服务水平，丰富旅游产品供给，赢得了广大游客的高度评价。此次入选不仅是对沈阳市旅游业发展的充分肯定，也是对辽宁省整体旅游发展水平的高度认可。

总的来说，辽宁省自2023年以来在文化和旅游领域的多项荣誉和成就，充分展示了全省在智慧旅游、乡村振兴、文化旅游融合发展等方面的强劲实力和创新活力。这些荣誉不仅为辽宁省赢得了广泛的社会关注和赞誉，也为未来的文化和旅游产业发展奠定了坚实的基础。

3. 文体旅品牌建设初具规模

辽宁省近年来在推动全民健身和发展群众性体育活动方面取得了显著成效，特别是通过打造十大系列品牌体育活动，极大地激发了全省人民参与体育运动的热情，促进了体育文化的普及和健康生活方式的推广。这些活动不仅为广大市民提供了丰富的体育参与机会，也推动了地方体育品牌的建设和发展。

辽宁省开展了以"奔跑辽宁""攀登辽宁""追球辽宁""寻迹辽宁""徒步辽宁""骑行辽宁""舞动辽宁""起动辽宁""冰雪辽宁""扬帆辽宁"为主要内容的十大系列品牌体育活动。这些活动覆盖了多种不同的运动形式，旨在满足不同人群的运动需求，促进全民健身的广泛开展。例如："奔跑辽宁"以各类长跑、马拉松赛事为主，吸引了大量跑步爱好者参与，不仅锻炼了身体，也增进了社区之间的互动与联系；"攀登辽宁"则通过组织登山活动，鼓励参与者挑战自我、亲近自然，进一步传播了健康向上的生活理念；"追球辽宁"和"寻迹辽宁"通过各类球类运动赛事和探险活动，丰富了群众体育的内容和形式，为爱好体育的群众提供了多样化的参与平台；"徒步辽宁"则通过举办各类徒步活动，倡导绿色出行和环保理念，增强了市民的健康意识和环保意识；"骑行辽宁"和"舞动辽宁"分别以骑行和广场舞等活动为载体，动员了大量市民尤其是中老年人积极参与，成为全民健身的重要组成部分；"起动辽宁"以全民健身日活动为核心，推广科学健身知识，提高市民的健康素养和身体素质;"冰雪辽宁"通过举办各类冰雪运动赛事和体验活动,推动冰雪运动的普及,助力辽宁冰雪经济的发展,特别是在冬季旅游和运动方面形成了强大的品牌效应;"扬帆辽宁"则以帆船等水上运动为特色,充分利用辽宁的海洋资源,推动了水上运动的普及与发展。

除了十大系列品牌体育活动,辽宁省还积极推动"一市一品"体育名城创建活动,旨在通过打造具有地方特色的体育品牌,进一步提升各市的体育发展水平和影响力。每个城市结合自身的自然资源、文化底蕴和群众喜好的不同,打造出了独具特色的体育品牌。例如,某些城市依托独特的地理环境,重点发展冰雪运动或水上运动,而其他城市则可能专注于马拉松、足球等全民参与度高的运动项目。

这一系列活动的开展,不仅推动了辽宁省群众性体育活动的蓬勃发展,也为地方体育品牌的建设注入了新的动力。"一市一品"体育名城创建活动通过鼓励各地因地制宜,创新体育发展模式,不仅丰富了地方体育文化的内涵,还提高了各市的知名度和影响力,进一步推动了地方经济的发展。

4. 培育旅游新业态

随着互联网、大数据、虚拟现实等前沿技术的迅猛发展,"沉浸式+"的概念已逐渐渗透到各个旅游领域,成为现代旅游产业的重要创新驱动力。辽宁省紧跟这一发展趋势,积极推进沉浸式艺术展览、主题公园、演出和剧本秀等新兴旅游业态的建设与推广,致力于为游客提供更加丰富、多元且深度互动的旅游体验。

辽宁省在沉浸式艺术展览方面取得了显著进展。通过将虚拟现实(VR)、增强现实(AR)等技术与艺术展览相结合,辽宁打造了一系列具有视觉冲击力和互动性的艺术展览。这些展览不仅突破了传统静态展示的局限,赋予艺术作品全新的表达方式,还让观众能够通过亲身体验与艺术产生更为深刻的情感共鸣。

在主题公园领域，辽宁省积极引入沉浸式体验的理念，通过高科技手段和创新设计，打造了一批具有辽宁特色的主题公园。这些主题公园不仅将虚拟现实技术与实景环境相结合，还融入了丰富的文化元素和故事背景，让游客在游览过程中仿佛穿越时空，沉浸在虚拟与现实交织的世界中。例如，某些主题公园通过打造沉浸式历史场景，让游客可以参与到历史事件的模拟中，或是成为故事中的主角，体验不同历史时期的生活和文化。这种沉浸式体验不仅丰富了游客的游玩内容，还增强了他们对辽宁历史文化的理解和认同感。

在演出和剧本秀等新兴旅游业态方面，辽宁省也展现了强大的创新能力。通过结合现代科技与传统演艺形式，辽宁推出了一系列沉浸式演出和剧本秀，这些项目让观众不再是单纯的旁观者，而是成为故事中的一部分。在沉浸式演出中，观众可以与演员互动，影响剧情的发展，甚至决定故事的结局。这种深度参与的形式极大地增强了演出的吸引力和互动性，为观众带来了前所未有的戏剧体验。

剧本秀则通过将虚拟场景与现实场景相结合，让参与者扮演角色，解谜探险，在沉浸式的故事情境中进行互动。这类旅游项目不仅满足了游客对新鲜感和趣味性的需求，还激发了他们的好奇心和探索欲望，成为吸引年轻游客的新亮点。辽宁省通过推出多样化的沉浸式剧本秀，成功将旅游与娱乐、文化体验紧密结合，进一步丰富了全省的旅游产品线。

总体而言，辽宁省通过积极推进沉浸式艺术展览、主题公园、演出和剧本秀等新兴旅游业态的发展，成功提升了游客的体验感和满意度。通过将先进技术与文化内容的深度融合，辽宁不仅为游客创造了独特而难忘的旅游体验，也在全国旅游市场中树立了科技与文化创新的标杆形象。这种"沉浸式+"的发展模式，不仅助力了辽宁旅游业的升级转型，还为全省经济和文化的发展提供了新的动力源泉。未来，随着这些沉浸式项目的不断发展和完善，辽宁有望吸引更多国内外游客，进一步提升其在全国乃至全球旅游市场的竞争力和影响力。

（二）辽宁文体旅融合发展推进路径

1. 树立大文旅观和一盘棋思想，统筹布局，科学规划

为了推动文体旅融合发展，辽宁省深入领会文化和旅游部、国家体育总局等出台的各项政策精神，紧密结合自身实际，研究并制定了实施细则。辽宁省文旅、体育部门与交通、农业、工业、商业、教育等部门形成良好的沟通和协商机制，打破行业壁垒，促进跨界融合，从而催生了新业态和新模式。辽宁省以全局的视角，统筹布局文体旅产业，科学规划发展路径，确保各项政策措施能够落地生根，取得实效。在统筹布局的过程中，辽宁省注重区域协调发展，充分发挥各地资源优势，形成互补互促的发展格局。同时，关注市场需求变化，及时调整发展策略，确保文体旅产业能够持续健康发展。通过统筹布局和科学规划，更好地整合各方资源，形成合力，推动文体旅产业融合发展，为辽宁经济社会的全面发展注入新的动力。

2. 树立品牌意识，提高优质文体旅产品供给

辽宁文体旅品牌建设需要有明确的定位，根据自身优势对标市场需求，实现差异化竞争。品牌建设的核心在于文化和创意，要深入挖掘本地区独特的历史文化和风土人情，将这些元素融入品牌建设之中，打造具有文化内涵和独特魅力的品牌形象。这需要注重品牌故事的讲述和品牌形象的塑造，通过多种渠道和方式进行宣传和推广，提高品牌的知名度和美誉度。同时，在体育品牌建设方面，要立足实际，持续打造"一市一品"，即每个城市都要有自己的体育品牌，以此提升城市形象和知名度。这需要充分挖掘各城市的体育资源，培育具有地方特色的体育项目，打造具有影响力的体育赛事和活动。通过树立品牌意识，提高优质文体旅产品供给，可以更好地满足人民群

众对美好生活的新期待，推动辽宁文体旅产业的持续健康发展。

3.加强基础设施和配套设施建设

在推动文体旅融合发展的过程中，必须坚持以人民为中心的发展思想，结合城市更新行动，提升城市生活品质。这需要加快机场、公路和铁路等交通基础设施建设，提高交通便捷程度，满足人民群众的出行需求。同时，还要完善景区景点周边的餐饮、住宿等配套设施，提高从业者的服务意识和服务水平，为游客提供更加舒适、便捷的旅游环境。在加强基础设施和配套设施建设的过程中，还要注重生态环境的保护和改善，推动绿色发展和可持续发展。通过加强基础设施和配套设施建设，可以进一步提升辽宁文体旅产业的吸引力和竞争力，为游客提供更加优质的旅游体验。

4.加快智慧旅游建设

在智慧旅游建设方面，需要更加注重个性化和用户体验。在旅游平台和小程序开发方面，要积极听取游客的意见和建议，不断优化和完善功能设计，提高用户体验。这需要注重技术创新和研发投入，引入先进的信息技术和数据分析工具，提升旅游平台的智能化水平和用户体验。同时，要利用大数据技术实时发布景区游客数量等信息，避免景区过度拥挤造成的负面影响。这需要建立完善的数据采集和分析系统，实时监测景区游客数量和分布情况，为游客提供更加准确、及时的信息服务。此外，还要整合各类景区景点门票预约平台，打造一站式服务，方便游客进行预约和购票。这需要加强与其他旅游平台的合作和资源整合，实现信息共享和互联互通，为游客提供更加便捷、高效的旅游服务。通过加快智慧旅游建设，可以为游客提供更加便捷、高效的旅游服务，提升辽宁文体旅产业的智能化水平，推动辽宁文体旅产业向更高质量、更可持续的方向发展。

二、鼓励技术创新与模式创新

（一）鼓励技术创新

1. 智慧文旅建设

辽宁省积极推进智慧文旅建设，利用大数据、云计算和人工智能等现代信息技术手段，显著提升旅游服务和管理水平。通过这些技术手段，辽宁能够为游客提供更加沉浸式的旅游体验。例如，利用 AI 数字形象和元宇宙虚拟现实场景等新兴技术，游客可以在虚拟空间中探索辽宁的名胜古迹和文化景点，获得生动的互动体验。同时，辽宁还推动旅游公共服务设施的智能化改造，如智慧停车场和智慧导览系统等，极大地提高了旅游服务的便捷性和效率。这些措施不仅优化了游客的旅行体验，还提升了景区的管理效率和服务质量。

2. 新产品与新服务开发

辽宁省鼓励文体旅企业充分利用科技创新成果，开发新的产品和服务，满足游客多样化和个性化的需求。例如，大连博涛推出的智慧机甲装备，为游客带来了科技感十足的娱乐体验；长海县则推出了无人驾驶载人飞机项目，开创了全新的旅游出行方式。此外，辽宁还支持数字文博和 VR 体验等智慧化应用场景的推广，丰富游客的文化体验，增强他们对辽宁文化的理解和认同。这些新产品和新服务不仅提升了游客的旅行体验，也为文体旅产业注入了新的活力和动力。

（二）鼓励模式创新

1. 全要素融合模式

辽宁省着力于"吃、住、行、游、购、娱"等旅游要素的全面融合，整合省内文体旅商资源,放大文体旅的综合效应。通过跨行业、跨领域的合作,辽宁打造了许多富有特色的文体旅融合产品和线路,极大地提升了旅游的整体体验。例如,将地方特色美食、住宿体验、交通便捷性、旅游景点、购物体验和娱乐活动有机结合,形成一体化的旅游产品和服务。这种全要素融合模式,不仅增加了旅游产品的多样性和吸引力,还提升了游客的整体满意度,推动了当地旅游经济的发展。

2. 目的地建设模式

辽宁省充分发挥文化赋能、体育牵引和旅游带动的作用,引导企业建设新项目、打造新场景、增加新体验和创造新模式。例如,辽宁大力推进国家AAAAA级旅游景区和国家级旅游度假区的建设,提升景区的综合服务能力和吸引力。同时,实施"海洋—海岛—海岸"立体开发模式,将海洋资源、海岛旅游和海岸线开发有机结合,打造独具特色的旅游目的地。这些目的地建设模式,不仅提升了辽宁的旅游资源价值,还吸引了更多的游客前来观光旅游,推动了地方经济的繁荣。

3. 活动带动模式

辽宁省统筹策划各类文化旅游活动和体育赛事,形成一体化的活动推广模式。例如,辽宁统筹举办戏剧节、音乐节、动漫节、文旅展会等文化旅游活动,以及各类体育赛事,将这些活动与旅游景区和消费场景有机结合,进一步释放文体旅活动的带动效应。这些活动不仅丰富了游客的旅行体验,还增强了文化和体育活动的影响力,吸引了更多的游客和参观者,推动了文体旅产业的全面发展。

4. 品牌提升模式

辽宁省实施"辽字号"文体旅融合发展品牌提升行动,加强与国内头部企业和平台的交流合作,提升辽宁品牌的知名度和美誉度。通过与文化、体育、旅游领域的知名企业合作,辽宁不断推出简洁易记、彰显城市魅力的文体旅融合发展品牌。同时，鼓励各地根据区域优势和特色产业，打造具有地方特色和文化内涵的文体旅品牌。这些品牌提升举措，不仅提升了辽宁的旅游形象，还吸引了更多的游客和投资者，促进了文体旅产业的持续发展。

三、具体举措与成效

（一）大会推动

辽宁省通过举办高品质文体旅融合发展大会等活动，为全省文体旅融合发展搭建交流展示平台，推动各地市之间的经验共享和协同发展。这些大会不仅提供了展示文体旅融合发展成果的机会，还促进了各地之间的沟通和合作，形成了良好的发展氛围。例如，辽宁通过举办文体旅融合发展大会，会聚了来自全国各地的专家、学者和企业代表，分享最新的研究成果和发展经验，推动了文体旅产业的创新发展。

（二）项目储备与投资

辽宁省各地积极谋划和推进文旅项目，展现出强劲的发展势头。例如，大连市在2024年共谋划储备推进文旅项目355个，其中一季度已开复工项目90个，完成投资8.55亿元。这些项目的推进，不仅提升了地方的旅游基础设施和服务水平，还吸引了大量的游客和投资，推动了地方经济的快速发展。同时，辽宁各地还积极引进国内外知名企业和投资者，促进文体旅产业的多元化和国际化发展。

（三）服务优化

辽宁省持续优化文体旅服务环境，推动旅游公路、特色餐饮、接驳系统等基础设施的完善，提升旅游服务能力。例如，辽宁加快机场、公路和铁路建设，满足人民群众的出行需求；同时，景区景点周边的餐饮和住宿等配套设施也不断完善，可为游客提供更加便捷和舒适的旅游服务；此外，辽宁还推动移动支付、银行卡和现金等多种支付方式的并行发展，满足游客多样化的支付需求。这些服务优化举措，不仅提升了游客的旅行体验，还增强了辽宁旅游的吸引力。

第四节 基础设施建设与公共服务提升

一、加强基础设施建设，提升旅游接待能力

辽宁省在长城沿线文体旅基础设施建设和旅游接待能力提升方面采取了一系列措施，并取得了显著成效。

辽宁省在长城沿线加强了旅游公路的建设，进一步完善交通网络，大大提高了游客的通达性。通过建设旅游风景道、骑行道等，游客能够享受更加便捷、舒适的交通体验。这些道路不仅连接了各大景区，还融入了自然风光，使得旅途本身成为一种享受。此外，辽宁还在沿线各大景区之间设置了标志性指示牌和景观小品，方便游客辨认路线，增加旅途的趣味性和安全性。多条高速公路和国道的修建和扩建工作也在同步进行中，以确保在旅游高峰期能够有效分流车流，避免交通拥堵，提升整体交通效率。

在各大景区和交通枢纽之间，辽宁省建立了高效的接驳系统，包括免费接驳车和公交专线，确保游客能够轻松到达各个景点。这种无缝衔接的交通服务，大大提升了便利性和游客的旅行体验。接驳系统不仅考虑到了游客的便捷性，还融入了环保理念，许多接驳车使用新能源车辆，减少了对环境的

污染。此外，辽宁还在主要景区入口处设置了大型停车场，配备了智能停车系统，方便游客快速找到停车位，节省时间，提高出行效率。

辽宁省在长城沿线的重要节点建设了多个游客服务中心。这些中心提供旅游咨询、票务预订、行李寄存等一站式服务，为游客提供全方位的便利。这些服务中心不仅在数量上进行了扩展，还在服务质量上进行了提升。比如，服务中心内设有多语种导游和志愿者服务，能够为来自世界各地的游客提供帮助。此外，服务中心还设有休息区、母婴室和医疗急救室，确保游客在游览过程中能够得到及时的休息和医疗保障。辽宁省加大了旅游厕所的建设和改造力度，提高了厕所的卫生标准和便利性，确保游客在旅途中能够享受到干净、舒适的卫生环境。这些旅游厕所不仅数量充足，而且分布合理，方便游客随时使用。同时，在设计上进行了创新，许多旅游厕所结合了当地的文化元素，既实用又美观。此外，旅游厕所还配备了智能管理系统，可以实时监测卫生情况，及时进行清洁和维护，确保始终保持良好的卫生状态。

辽宁省鼓励和支持在长城沿线发展高端酒店和特色民宿，提升游客的住宿体验。同时，加强了对住宿设施的监管，确保服务质量和安全性。在长城沿线，不仅有国际知名连锁酒店，还有具有地方特色的精品民宿，这些民宿结合了当地的建筑风格和文化元素，为游客提供独特的住宿体验。此外，辽宁还推出了一系列针对不同消费群体的住宿套餐，满足了从家庭旅游到商务旅行的多样化需求。结合当地特色，发展了一批具有地方风味的餐饮设施，让游客在品尝美食的同时，也能感受到浓厚的文化氛围。这些餐饮设施不仅提供美味的食物，还成为展示地方文化的窗口。许多餐厅推出了以长城文化为主题的特色菜品，并在餐厅内设置了展示区，介绍长城的历史和文化。此外，辽宁还举办了多次美食节和厨艺比赛，吸引了众多游客和美食爱好者，为当地餐饮业的发展注入了新的活力。

辽宁省对长城沿线的重点景区进行了改造升级，提高了景区的观赏性和安全性。例如，通过修缮长城本体、建设观景台等措施，让游客能够更好地领略长城的壮丽风光。此外，还加强了景区内的基础设施建设，如步道、照明、标识系统等，进一步提升了游客的游览体验。为了保护长城的历史文化遗产，辽宁在修缮过程中坚持"修旧如旧"的原则，使用原有的建筑材料和工艺，最大限度地保留了长城的原貌。同时，景区还引入了现代化的管理手段，通过智能监控和游客流量管理系统，确保景区的秩序和安全。

辽宁省推出了丰富多样的旅游产品，包括历史文化游、生态康养游和休闲观光游等，以满足不同游客群体的需求。结合长城文化，开发了一系列具有特色的文创产品，如长城纪念品和手工艺品，增加了游客的购物体验。这些旅游产品不仅丰富了游客的体验，还促进了地方文化的传播和经济的发展。为了吸引更多游客，辽宁还与国内外多家知名旅游公司合作，推出了一系列特色旅游线路和套餐。同时，通过线上线下的营销推广活动，扩大了辽宁长城沿线旅游产品的知名度和影响力。

辽宁省利用现代信息技术手段，推进智慧旅游建设。通过搭建官方网站和数字云平台，为游客提供便捷的在线服务，如在线预订和电子导览等。此外，景区内还加强了智能化管理，通过监控系统和人脸识别等技术手段，提高了景区的安全管理水平。智慧旅游的建设不仅提升了游览的便利性和游客的体验感，还提高了景区的管理效率。例如，游客可以通过手机应用程序查看景区的实时情况、预订门票和住宿，并获取个性化的旅游推荐。此外，智能导览系统还可以为游客提供多语种的解说服务，使游客在游览过程中能够深入了解长城的历史和文化。

辽宁省重点推进了长城国家文化公园（辽宁段）的建设项目，包括长城博物馆、展览馆和旅游风景道等。这些项目的实施，不仅提升了长城沿线的旅游接待能力，还促进了当地经济社会的发展。例如，丹东虎山段重点推进了东北亚边疆历史文化博物馆建设项目和"宽甸六堡"展览馆建设项目；建平早期长城核心段则推进了建平县烧锅营子长城景区旅游公共服务设施建设项目等。这些项目的推进,不仅丰富了长城沿线的旅游资源,还提升了辽宁整体的旅游服务水平。在项目的建设过程中,辽宁注重保护和利用相结合,确保在开发旅游资源的同时,能够有效保护长城的历史文化韵味。

数据显示,辽宁长城沿线的旅游接待能力得到了显著提升。全省接待游客数量大幅增长,旅游收入也实现了高速增长。这些成绩的取得,离不开基础设施建设的加强和旅游接待能力的提升。辽宁长城沿线文体旅的这些努力,不仅提升了游客的体验,也为当地经济带来了可观的增长。通过加强基础设施建设和提升旅游接待能力,辽宁长城沿线吸引了更多的游客,带动了当地的住宿、餐饮、零售等相关产业的发展,形成了良好的经济效益和社会效益。此外,长城沿线的文化和自然资源得到了更好的保护和利用,提升了辽宁省的整体旅游形象和竞争力。

二、完善公共服务体系,提高游客满意度

为了提升辽宁省长城沿线的游客满意度,必须在多个维度上全面完善公共服务体系。

首先,深度挖掘文化体验是核心所在。结合长城深厚的历史文化底蕴,可以定期举办一系列丰富多彩的文化主题活动。比如,组织长城摄影大赛,让摄影爱好者们有机会捕捉并展示长城的壮丽景色与历史痕迹;举办长城诗词朗诵会,通过诗词这一传统文学形式,传达古代文人对长城的深厚情意;设立长城故事分享会,邀请历史学者或文化名人讲述长城的传奇故事,帮助游客更加深入地理解和感受长城的文化内涵。此外,我们还可以利用虚拟现实(VR)和增强现实(AR)等现代科技手段,打造沉浸式文化体验区,让游客仿佛穿越时空,亲身体验长城的修建过程与军事防御功能,从而增强文

化体验的互动性与趣味性。

其次,绿色旅游和生态环保也是至关重要的方面。我们应该积极推广绿色出行方式,以减少旅游活动对环境的影响。例如,在长城沿线增设自行车租赁点,鼓励游客选择骑行代步,既环保又健康;同时,倡导徒步游览,让游客在亲近自然的同时,也能感受到长城的雄伟与壮美。此外,我们还可以结合长城及其周边的自然风光,开发一系列生态旅游产品,如规划长城脚下的徒步线路、设立观鸟摄影基地等,以吸引更多的自然爱好者和摄影爱好者前来体验,从而提升他们的环保意识与对自然景观的审美能力。

再次,推动社区参与和共融共享也是提升游客满意度的重要途径。我们应该鼓励长城沿线的社区居民积极参与旅游服务,通过开设家庭旅馆或民宿等方式,为游客提供具有地方特色的住宿体验;同时,鼓励居民提供地道的地方餐饮,让游客在品尝美食的同时,深刻感受到当地的风土人情。这种社区共建共享模式不仅能为居民带来额外的经济收入,还能让游客体验到更加真实、更加贴近生活的旅游文化。此外,我们还可以与当地学校合作,开展文化遗产保护教育活动,让学生成为长城文化的传播者和守护者,同时也为游客提供更多了解长城文化的渠道和机会。

又次,在智慧旅游方面,个性化服务是提升游客体验的关键。我们可以运用大数据分析技术,根据游客的兴趣偏好和历史行为数据,为他们推荐个性化的旅游线路和景点。例如,对于喜欢历史的游客,我们可以推荐长城的历史遗迹和专题展览;对于偏爱自然风光的游客,则可以推荐长城周边的徒步线路和观光点。此外,为了更好地服务国际游客,我们还应该提供多语种服务支持,包括多语种导览系统、在线翻译服务以及配备多语言导游等,以解决外国游客语言障碍问题,让他们也能轻松享受长城之旅。

最后,无障碍旅游环境的营造也是提升游客满意度不可忽视的一环。我们应该加强无障碍设施建设,如增设无障碍通道、卫生间和休息区等,以确保老年人和残疾人等特殊群体能够顺畅游览长城并享受舒适的旅游体验。同时，我们还应该为特殊群体提供专属服务，如轮椅租赁和专人陪同游览等，以体现人文关怀并提升整体旅游满意度。这些措施不仅有助于提高景区的包容性和可访问性，还能确保每一位游客都能享受到平等、尊重和舒适的旅游体验。

第五节　文化传承与品牌建设

一、挖掘长城文化内涵，传承历史文化

辽宁长城的历史背景深厚且丰富，承载着中国古代防御战略、军事建设以及民族关系的变迁，为我们了解古代军事、政治、文化等提供了重要的历史资料。

燕长城作为中国古代的一项重要军事防御工程，最初由燕国在北部边境修建，主要用于防御北方游牧民族的侵扰。燕长城的修建始于战国时期，旨在防范东胡、秦、赵等国的威胁。燕东北长城位于上谷（今河北保定）、渔阳（今天津蓟州区）、右北平、辽西、辽东等地，是燕国为了防御东胡而修建的主要防线。此外，燕国还在其他边境地区修建了长城，形成了相对完整的防御体系。

燕长城的建造技术和地形选择具有独特之处。其修筑方法因地制宜，采用了就地取材的策略。在土质较厚、地势平坦的地区，使用土筑长城；而在石料丰富的地区，则采用石筑长城。石筑长城通常使用自然大石块，内外两侧规整，中间则以乱石碎块或沙砾填充，因而更加坚固。虽然土筑长城的遗

迹难以寻觅，但从隐约可见的黑土带和茂盛的草木中，依然可以感受到其曾经的雄伟。

燕长城的防御设施包括墙体、烽燧和障城三个部分。墙体是长城的主体部分，烽燧用于传递军情，而障城则作为驻军和储存物资的场所。这些设施共同构成了燕长城的完整防御体系。燕长城的路线穿越了多个地区，其中在辽宁省朝阳市建平县北部努鲁儿虎山地区，有燕秦长城的遗迹。此外，燕长城还穿越通辽市南部奈曼旗和库伦旗等地，境内段长约125公里，这些遗迹至今仍为后人提供了宝贵的历史见证。

秦始皇统一六国后，为维护国家统一和安定，防止北方游牧民族的侵扰，决定修建长城。秦始皇三十三年（前214），大将蒙恬北逐匈奴，并连接和修缮了战国时期秦、赵、燕三国在北方的长城，形成了西起临洮（今甘肃岷县），东到辽东（今辽宁省东部和南部及吉林省东南部地区）的万里长城。

汉代在长城的修建和防御工作上继续取得了显著成效。面对匈奴的侵扰，汉朝在秦长城的基础上进行了扩建和加固，形成了更为完善的防御体系。汉代的长城不仅延续了秦长城的路线，还在一些关键地区进行了增筑和加固，从而进一步提升了长城的防御能力。

在明朝时期，为了防御蒙古和建州女真人的侵扰，明廷决定修建长城。辽宁境内的长城被称为"辽东边墙"，是明朝北方防御体系的重要组成部分。辽东边墙始建于明永乐年间（1403—1424年），主要用于防御女真族和蒙古兀良哈三卫等部的南下骚扰。作为军事防御工程，辽东边墙沿线设有边堡、墩台等防御设施，形成了坚固的防线。这些设施不仅在军事上发挥了重要作用，还促进了沿线地区的经济和文化发展。

辽东边墙的建筑结构体现了"因地制宜、就地取材、据险制塞"的原则。长城墙体采用了夯土墙、砖石墙、山险墙、河险墙和木栅墙等多种形式，以适应不同地区的地形和气候条件。此外，长城墙体之外还配有纵向和横向交叉的防御设施，形成了一个完整的综合防御体系。

随着女真族的崛起和清朝的建立，这段长城逐渐失去了原有的防御功能。清朝统一全国后，为了淡化或模糊处理有关辽宁境内明长城的历史，这段长城在典籍和历史文献中的记载逐渐减少，甚至一度被误认为长城东端起点位于山海关。

辽宁境内的长城主要分布在丹东、葫芦岛、朝阳等地，总长度达到2350公里，占全国长城资源的6.86%，位列全国第五。这些长城大多依山就势，蜿蜒曲折，构成了辽宁地区独特的地理风貌。

辽东边墙在辽宁境内经过了多个重要地点。起点山海关向东延伸，首先经过葫芦岛市的绥中县。绥中县是辽东边墙穿越的重要节点，这里的长城段落保存相对完好，展现了古代军事防御工程的雄伟。继续向东，辽东边墙穿越锦州市的义县西部，并折向南，经过锦州西部和锦西西部地区。在这里，长城的走势变得更加险要，穿越崇山峻岭，与山谷、河流交织在一起。这些地区的长城段落保存相对完好，可以清晰地看到古代军事防御工程的遗迹。

随着长城的延伸，辽东边墙逐渐接近辽宁与吉林的交界地带。在这一段，长城的走势呈现出明显的"U"字形，先向北折，再向南转，穿越辽宁的东北部地区，包括开原、铁岭等地，最后折向东南。最终，辽东边墙在辽宁的最东端到达了鸭绿江边，与朝鲜半岛隔江相望。这里的长城走势变得平缓，沿着江边蜿蜒前行，止于江沿台（今丹东宽甸境）。这一段的辽东边墙具有重要的战略意义，也是明朝时期边防的重要据点。

辽宁省内的长城遗存主要分布在城市的远乡近郊，涉及13个城市、49个区县、145个乡镇和568个行政村。这些长城遗存跨越了战国（燕）、秦、汉、辽、明5个不同时期。在空间结构上，长城遗存呈现出"两带、四区、多点"的分布，其中"两带"指辽西长城文化带和辽东长城文化带，"四区"

则以虎山长城、绥中蓟辽长城、燕秦早期长城和广宁长城为核心。

虎山长城位于丹东市城东 15 公里处的鸭绿江畔，是明长城的东端起点。始建于成化五年（1469），主要用于防御建州女真人的侵扰。尽管历经沧桑，虎山长城依然能见其雄伟身姿。长城依山就势，平地孤耸，蜿蜒北去，与鸭绿江相映成趣。此外，虎山长城历史博物馆和古栈道遗址也为游客提供了深入了解长城文化的机会。

九门口长城与锥子山长城位于葫芦岛市绥中县。九门口长城全长 1704 米，城桥长 97.4 米，横跨九江河，因而享有"水上长城"的美称。锥子山长城始建于明洪武十四年（1381），因独特的胜景而更具神秘色彩。从锥子山主峰俯瞰，可以看到东、南、西三个方向的三条长城如三条巨龙会聚，形成了壮丽的"三龙交会"场景。

燕秦长城位于朝阳市建平县北部努鲁儿虎山的崇山峻岭之中，全长 80 多公里，建于战国燕昭王时期。这段长城遗迹被称为"石龙"或"土龙"，是燕秦长城的一部分。宽甸明长城位于辽宁省丹东市宽甸满族自治县境内，从虎山镇主峰南 200 米起，向东北延伸至栗子园村南 200 米止，形成境内第一段也是最长的一段长城。这段长城的墙体总长达到 34.223 公里，包括虎山段、老边墙段、长岗子段、古楼子段和棉花沟段等多个部分。长城的敌台位于虎山段长城上，现已修复为矩形台址。此外，宽甸满族自治县境内还有 11 座堡城和 104 座烽火台，共同构成了完整的军事防御体系。

清河城长城是明朝为了防范女真族掠扰而修建的军事重镇，它不仅是明军防卫女真族的军事设施，也是明朝与女真族经济贸易的市场，时称"清河马市"。清河城长城的修建体现了明朝在北方边境地区的军事和经济策略，具有重要的历史和文化价值。

双台子村烽火台位于辽宁省葫芦岛市绥中县万家镇的西部，地处山海关与九门口长城之间。它是明长城的一部分，是明朝时期修建的军事设施之一。

传说中,明朝时期这里曾有两座烽火台,因风吹雨淋和年久失修而倒塌。这些烽火台的历史遗迹至今仍保留着,成为双台子村的重要历史见证。

二、打造特色品牌,提升知名度与影响力

辽宁省在提升长城特色品牌、增强其知名度与影响力方面采取了多项有力措施,并取得了显著的成果。

(一)高站位编制规划,明确发展目标

辽宁省政府高度重视长城国家文化公园的建设工作,迅速成立了专门的领导小组,并编制了《长城国家文化公园(辽宁段)建设保护规划》。该规划不仅明确了辽宁段长城国家文化公园的建设目标,还详细划分了各项任务的分工和实施路径,为长城特色品牌的塑造和推广提供了系统的保障。通过规划的实施,辽宁省有效地整合了资源、制定了清晰的发展路线,并为未来的发展奠定了坚实的基础。这一规划的出台标志着辽宁省在长城文化保护和品牌打造方面迈出了重要的一步,为区域内文化旅游的协调发展提供了战略指导。

(二)高标准推进建设,实施重点项目

在长城国家文化公园建设过程中,辽宁省坚持高标准、严要求,推进了一系列重点项目的实施。截至目前,辽宁省已完成或正在加速推进8项国家级建设项目。这些项目包括锥子山长城景区遗址的保护利用、绥中长城博物馆的建设、东北亚边疆历史文化博物馆的建设等,涵盖了文物保护、历史文化展示和旅游服务等多个方面。此外,辽宁省还规划了90余项省级建设项目,这些项目涉及文物保护传承、文化旅游融合、环境配套设施等方面。通

过这些重点项目的实施，辽宁省不仅提升了长城文化资源的保护水平，也增强了旅游设施的服务能力，为游客提供了更加丰富的文化体验和更高品质的旅游服务。

（三）高平台宣传展示，擦亮特色品牌

辽宁省着力加强长城的宣传和展示工作，通过多渠道、多形式擦亮"万里长城东端起点"这一特色品牌。一方面，辽宁省积极策划和推广主题旅游线路，设计了长城文化和旅游专线，将辽宁段的长城资源与邻近的河北、内蒙古长城资源进行串联，推动了文化与旅游的深度融合；另一方面，辽宁省还建立了多个网络宣传平台，并定期举办各类长城文化展览和活动，如"大美长城——长城（辽宁段）风光摄影图片展"，通过生动的图片和故事呈现了万里长城的壮丽景观。这些宣传展示活动不仅提升了长城的公众知名度，也吸引了大量游客和媒体的关注，为长城特色品牌的推广创造了良好的舆论环境和市场基础。

（四）深入挖掘文化内涵，推动文旅融合

辽宁省在打造长城特色品牌的过程中，特别注重对长城文化内涵的深入挖掘，并积极推动文旅融合。通过整合辽宁境内长城沿线的文化遗产资源和生态自然资源，辽宁省统筹推进了管控保护、主题展示、文旅融合和传统利用四类主体功能区的建设。这些措施不仅展示了长城的历史精神和文化价值，也为游客提供了丰富的文化体验。同时，辽宁省推出了一系列受到游客青睐的长城文创产品，如手工艺品、纪念品等，进一步丰富了长城文旅商品的种类。这些文创产品不仅提升了长城文化资源的美誉度，更为当地经济注入了新的活力。

（五）取得阶段性成果，未来持续发力

经过一系列的努力，辽宁省在长城国家文化公园建设方面已取得了显著的阶段性成果。多个重点项目相继完工并投入使用，长城特色品牌的知名度和影响力不断提升。未来，辽宁省将继续深化各项工作，进一步打造具有鲜明特色的长城文化集中展示点，加大对长城文化的宣传力度，进一步擦亮"万里长城东端起点"这一特色品牌。此外，辽宁省还将探索建立长城国家文化公园建设评估促进机制，通过评估推动建设进程，并充分利用现有成果，打造长城精品旅游线路，以满足人民对高品质文旅产品的需求。随着这些工作的持续推进和更多项目的完成，"万里长城东端起点"这一特色品牌将变得更加璀璨夺目，为长城文化的保护和传承做出更大的贡献。

第五章

案例分析与实证研究

第一节 成功案例分析

一、国内外文体旅融合发展成功案例

（一）国内成功案例

1. 阿那亚项目

阿那亚（秦皇岛文化社区）创立于 2013 年，坐落于河北省秦皇岛市，占地面积达 3300 亩，是一个集居住、休闲、娱乐和文化体验于一体的综合性高端社区。该项目凭借其得天独厚的地理位置和精心规划的设计，不仅以其绵延不绝的优美海岸线和典雅奢华的高端住宅区而闻名遐迩，更通过深度整合丰富的文化体育资源，成功打造了一个多功能、全方位的生活和休闲环境，满足了不同人群对于高品质生活的多元化需求。

在阿那亚，文化艺术与体育休闲并重，相得益彰。社区内设有文化艺术中心、图书馆、礼堂等一系列文化设施，这些设施不仅为居民提供了丰富的精神食粮，也成为吸引外部文化爱好者前来探访的重要磁石。与此同时，阿那亚还配备有高尔夫球场、马术俱乐部等高端体育资源，为游客和居民带来了多样化的休闲体验，让人们在享受运动乐趣的同时，也能感受到身心的愉

悦和放松。

除了硬件设施的完善，阿那亚还注重文化活动的举办和文化氛围的营造。社区定期举办音乐节、艺术展览等丰富多彩的文化活动，这些活动不仅极大地丰富了居民的文化生活，提升了他们的精神境界，还成功地吸引了大量文化爱好者和艺术工作者的积极参与，进一步增强了阿那亚的文化底蕴和艺术氛围。

在商业配套和旅游服务方面，阿那亚同样表现出色。高品质的商业设施和完善的旅游服务体系，为游客和居民提供了便捷、舒适的生活体验，也进一步增强了阿那亚在市场中的竞争力。如今，阿那亚已经成为区域内的文化和旅游亮点，吸引了无数游客前来观光游览、休闲度假。

阿那亚的成功并非偶然，其背后蕴含着深刻的理念和精心的规划。通过将文化、体育和旅游三者有机融合，阿那亚不仅提升了自身的知名度和美誉度，还成功地带动了周边地区的经济发展，成为一个具有示范意义的综合性社区。它的成功经验也为其他地区提供了有益的借鉴和启示，展示了文化与体育、旅游相结合所蕴含的巨大潜力和广阔前景。

2. 大唐不夜城

大唐不夜城，位于古都西安，坐落在"长安龙脉"之上，与汉长城、含元殿、大雁塔等共同连接形成大西安文化轴线，是一个深度依托该地区浓厚历史文化氛围与独特建筑风格进行精心改造与全面升级的重大项目。该项目不仅仅是对传统街区的简单翻新，更是一次对传统与现代、文化与商业深度融合的创新探索。通过全面提升街区的硬件建设，优化基础配套设施，大唐不夜城成功地将商业、休闲、娱乐与深度文化体验等多种元素融为一体，打造出了一个既充满历史韵味又洋溢着现代气息的夜游胜地。

大唐不夜城的核心魅力在于其以"夜游文化"和"唐文化"为主线的独特定位。项目巧妙地运用声光电等现代科技手段，对街道进行艺术化的渲染，营造出一种穿越时空的沉浸式夜游体验。漫步在大唐不夜城的街道上，游客仿佛置身于盛唐时期，能够深切感受到那份历史的厚重与文化的辉煌。

除了硬件上的精心打造，大唐不夜城还注重文化活动的持续举办。项目方定期策划并推出各类丰富多彩的文化活动，如古装演出、唐风音乐会、主题展览等，这些活动不仅进一步丰富了游客的文化体验，也极大地提升了项目的文化内涵和吸引力。

大唐不夜城的成功不仅仅体现在其独特的文化体验和创新的夜游模式上，更在于其强大的经济效益和社会效益。通过吸引大量游客前来观光游览和参与各类活动，直接带动了周边商业和旅游业的发展，提升了整个区域的土地价值和地产溢价。同时，大唐不夜城也成为了西安乃至全国文化旅游的一张亮丽名片，极大地提升了城市的知名度和美誉度。

大唐不夜城的成功案例充分展示了文化与旅游深度融合的巨大潜力和广阔前景。它证明了通过创新的思维和精心的规划，可以将历史文化资源转化为经济发展的强大动力，推动区域经济的持续增长并提升整体的竞争力。大唐不夜城不仅是一个文化旅游项目，更是一个文化传承与经济发展的典范，为其他地区提供了宝贵的借鉴和启示。

3. 全国龙舟大联动活动

2024年全国龙舟大联动活动在风景如画的山东省东营市东营区龙居镇龙栖湖湿地公园盛大举行，这一活动不仅是一场体育竞技的盛宴，更是一次文化与经济交融的盛会。活动集节日庆典、激烈的龙舟比赛、丰富多彩的非遗市集、乡品展演以及文旅资源推介于一体，为游客们提供了一个多元化、全方位的体验平台，让人们在欢声笑语中领略到传统文化的魅力与现代节庆的活力。

龙舟比赛作为活动的核心，充分展示了龙舟文化的深厚底蕴和团结协作的精神风貌。参赛队伍奋力拼搏，鼓声震天，湖面上龙舟竞渡，激起层层浪花,吸引了众多游客驻足观看,为选手们加油助威。而非遗市集和乡品展演环节,则让游客们近距离接触到丰富多彩的非物质文化遗产,如传统手工艺、民俗表演等,同时品尝到地道的乡村美食,感受到浓厚的乡土气息。

文旅推介活动也是本次龙舟大联动的一大亮点。通过精心策划的推介环节,龙居镇乃至东营市的独特文旅资源得以全面展示,进一步提升了当地的知名度和影响力。活动期间,各类丰富多彩的节目和互动体验,为游客们创造了难忘的文化体验和视觉享受,也让他们在轻松愉快的氛围中深入了解了龙居镇的文化底蕴和发展潜力。

更为重要的是,这次龙舟大联动活动不仅极大地提升了龙居镇的知名度,更为当地经济的高质量发展和乡村振兴注入了新的活力。活动的成功举办,充分证明了将传统文化与现代节庆形式相结合,能够有效推动区域经济的增长,带动旅游业及相关产业的发展,为地方经济社会的全面发展提供强有力的支撑。展望未来,龙居镇有望以此为契机,继续深挖文化内涵,创新节庆活动形式,进一步推动文化与经济的深度融合,书写乡村振兴的新篇章。

(二)国外成功案例

1. 迪士尼乐园

迪士尼乐园,无疑是全球文商体旅融合领域的璀璨明珠,它不仅是一个综合性的休闲度假胜地,更是将娱乐、文化体验、商业零售、体育活动与旅游完美融合的典范。在这个充满魔法与梦幻的世界里,每一处细节都经过精心设计,旨在为游客带来前所未有的全方位体验。

乐园内,经典的迪士尼主题与不断创新的元素交相辉映,共同编织着一个又一个令人难忘的故事。从米奇大街的热闹繁华,到奇幻童话城堡的壮丽巍峨,每一个景点都承载着迪士尼的深厚文化底蕴和无限创意。而迪士尼乐园的独到之处,在于它不仅仅满足于传承经典,更注重与当地文化的深度融合与创新。例如,上海迪士尼乐园就巧妙地融入了中国园林风格的花园设计,以及富有中国特色的音乐表演,让游客在享受迪士尼经典魅力的同时,也能感受到浓厚的中华文化底蕴,这种全球化的品牌适应性与本地化创新策略,无疑为迪士尼乐园增添了独特的魅力。

迪士尼乐园的成功,不仅仅在于它提供了丰富多样的文化和娱乐体验,更在于其背后卓越的服务质量和高效的市场营销策略。乐园始终坚持以游客为中心,不断提升服务质量,从员工的专业培训到设施的不断更新,每一个细节都体现了迪士尼对完美体验的追求。同时,迪士尼乐园还通过多元化的市场营销活动,如举办主题节日庆典、体育赛事(如迪士尼马拉松)等,不断吸引全球游客的目光,进一步提升了品牌的全球影响力和知名度。

2. 巴塞罗那

巴塞罗那,这座充满魅力的城市,以其独特的城市风貌和深厚的文化底蕴,成为全球游客的热门目的地。城市巧妙地利用了安东尼·高迪这一世界级建筑大师留下的丰富建筑遗产作为其核心吸引力,将艺术、文化和建筑观光与城市旅游、体育赛事以及商业活动紧密结合,创造了一种前所未有的综合性旅游体验。

在这里,游客们不仅可以欣赏到高迪的建筑杰作,如那座尚未完工却已名扬四海的圣家堂,以及充满奇幻色彩的米拉之家,还能深入感受到这座城市浓厚的艺术氛围和独特的文化韵味。而巴塞罗那的魅力远不止于此,城市还积极举办各类体育赛事,如国际马拉松赛,吸引了众多体育爱好者和参与者,为城市注入了更多的活力与激情。

同时,巴塞罗那的购物和美食体验也是其吸引游客的重要一环。从时尚现代的购物中心到传统热闹的市场,从地道的西班牙海鲜饭到各式各样的小吃,都让游客们流连忘返,充分享受到了这座城市带来的多元化感官盛宴。

巴塞罗那的文体旅融合模式无疑是一种成功的创新实践。它不仅极大地提升了城市的知名度和美誉度，还促进了相关产业的发展和经济的增长。通过整合艺术、文化、体育和商业活动，巴塞罗那成功地打造了一个独特的城市品牌，为游客提供了丰富多样的体验选择。这种综合性的旅游体验不仅满足了游客的多元化需求，更进一步推动了城市经济和文化的双重发展，使得巴塞罗那在全球范围内都闪耀着独特的光芒。

3. 纳帕谷小镇

纳帕谷，坐落于美国加利福尼亚州旧金山以北，是一片风景如画、气候宜人的狭长地带。这里自然风光旖旎，四季如春，为葡萄的生长提供了得天独厚的条件。自19世纪中期起，纳帕谷便凭借其悠久的葡萄种植历史和精湛的酿酒工艺，逐渐崭露头角，发展成为全球瞩目的葡萄酒产地，赢得了"葡萄酒天堂"的美誉。

为了进一步提升区域竞争力并实现文体旅的深度融合，纳帕谷近年来实施了现代化的升级改造工程。在这一过程中，各个城镇并没有盲目跟风，而是根据自身的资源禀赋和特色优势，制定了差异化的发展战略。例如，奥克维尔和卢瑟福两镇，依托其深厚的葡萄酒文化底蕴和精湛的酿酒技艺，主要专注于葡萄酒产业的深耕细作，致力于打造世界级的葡萄酒品牌；而卡利斯托加镇则另辟蹊径，将葡萄酒文化与休闲养生项目巧妙结合，为游客提供了品酒、SPA、瑜伽等多样化的旅游体验，成功吸引了大量寻求身心放松的游客前来。

在注重产业发展的同时，纳帕谷也深知品牌形象的重要性。为此，当地酒企严格控制葡萄酒产品质量，力求出厂的每一瓶葡萄酒都能达到国际顶级水准。正是凭借这种对品质的执着追求，纳帕谷的葡萄酒在巴黎葡萄酒品鉴大会上脱颖而出，赢得了国际评委的高度赞誉，进一步提升了其在全球葡萄酒市场的地位。

随着葡萄酒品牌的国际化，纳帕谷的旅游业也迎来了前所未有的发展机遇。如今，这里已经形成了一个集酒庄参观、品酒体验、美食餐饮、休闲养生、户外运动、婚礼庆典、商务会议、特色购物以及各种娱乐设施于一体的综合性乡村休闲文旅小镇集群。游客们可以在这里尽情享受葡萄酒带来的美妙体验，同时也能深入感受到纳帕谷独特的乡村风情和深厚的文化底蕴。

这一转变不仅显著提升了纳帕谷的经济效益，还为当地创造了大量的就业机会，带动了经济的持续增长。每年都有数百万游客慕名而来，只为亲身感受这片"葡萄酒天堂"的魅力。如今，纳帕谷已经成为国际知名的文体旅融合特色小镇，成为加利福尼亚州乃至全美的一张亮丽名片。

4. 胡斯卡小镇

胡斯卡小镇，坐落于西班牙安达卢西亚山区的怀抱之中，原本是一座保持着传统风貌的白色小镇，因其地理位置相对偏远、人口稀少，旅游业的发展一直较为有限。然而，命运在2011年发生了转折，这一年，为了配合索尼公司宣传其推出的3D动画片《蓝精灵：寻找神秘树》，胡斯卡小镇迎来了前所未有的变革——它被整体涂成了蓝色，一跃成为全球首个官方授权的"蓝精灵村"。

这一创举不仅让胡斯卡小镇在国际上声名鹊起，更是为其旅游业的发展注入了全新的活力。小镇的居民们对这一特色主题的改造表现出了极高的热情和参与度，他们不仅自愿将自家房屋的外墙涂成了蓝色，还在墙面上精心创作了各式各样的蓝精灵壁画，每一处细节都力求还原动画片中的场景，营造出蓝精灵仿佛真实生活于此的奇妙氛围。

除了视觉上的震撼改造，胡斯卡小镇还深入挖掘蓝精灵的文化内涵，推出了一系列与蓝精灵主题紧密相关的旅游项目。蓝精灵IP酒店应运而生，让游客们有机会在充满童趣的环境中体验住宿的乐趣；蓝精灵集市则汇集了各种蓝精灵周边商品，让游客们能够带走这份独特的回忆。此外，为了进一步提升游客的体验感，小镇在电影上映期间还特别推出了蓝精灵探险之旅和蓝精灵花车游行等活动，让游客们仿佛置身于动画片的世界之中，与可爱的蓝精灵们共同探险。

通过这一系列文体旅融合的策略，胡斯卡小镇成功实现了从默默无闻的传统小镇到国际知名旅游目的地的华丽转型。旅游业的快速发展为当地居民带来了更多的就业机会和经济收入，也极大地提升了小镇的知名度和影响力，使之成为文体旅融合创新实践的典范。

胡斯卡小镇的成功案例无疑为其他地区提供了有益的借鉴和启示。它展示了如何通过独特的主题改造和精心策划的活动，实现地区经济和旅游业的双重提升。更重要的是，它证明了即使是一个资源有限、人口稀少的小镇，只要敢于创新、勇于尝试，也能在全球旅游的舞台上绽放出耀眼的光芒。

二、启示与借鉴

对于辽宁长城沿线地区推动文体旅融合发展的具体建议，可以从多个方面进行细化。

（一）深入挖掘和保护长城文化

继续完善《长城国家文化公园（辽宁段）建设保护规划》，确保对长城遗址的有效保护，并加强与省文物局的沟通与合作，以保障规划项目的顺利实施。此外，需要加大对长城遗址的巡查力度，及时发现并制止破坏行为，对受损的长城段进行修缮和维护，以保持其历史原貌。同时，通过展览、讲座和文艺作品等形式，深入挖掘长城背后的历史文化故事，并利用数字化展示和虚拟现实等现代科技手段，让游客能够更直观地了解长城文化。

（二）打造具有特色的文体旅产品

设计并推广以长城为主题的旅游线路，将长城沿线的重要景点、文化遗址、民俗村落等串联起来，形成一个完整的旅游体验链。依托长城举办徒步、骑行和马拉松等体育赛事，以吸引体育爱好者参与，并将这些体育赛事与旅游活动结合，推出"跟着赛事去旅行"等主题旅游产品。此外，还可以开发长城文化体验项目，如长城文化研学游和长城民俗体验游，让游客在游览过程中深入了解长城文化，增强文化认同感。

在基础设施建设与服务提升方面，应完善长城沿线地区的交通网络，加大对道路等级和通行能力的投入，同时优化公共交通线路和站点设置，方便游客出行。加强旅游服务设施建设，如游客中心、停车场和卫生间等，提高旅游从业人员的专业素养和服务水平，为游客提供优质的旅游体验。同时，推进智慧旅游建设，利用大数据和云计算等现代信息技术手段，提升旅游管理和服务水平，开发智慧旅游 App 或小程序，为游客提供便捷的旅游信息查询、预订和支付服务。

（三）促进产业联动与融合发展

推动文化、体育和旅游产业的深度融合，形成产业链协同效应，鼓励企业跨界合作，共同开发特色旅游产品，提升市场竞争力。依托长城沿线的乡村资源，发展乡村旅游和休闲农业，通过举办采摘节和农家乐等活动，吸引游客体验乡村生活，促进农业与旅游的融合发展。此外，挖掘长城沿线的工业遗产资源，发展工业旅游，通过开放工厂参观和展示工业文化等方式，让游客了解工业发展历程，体验工业魅力。

（四）注重可持续发展

在推动文体旅融合发展的过程中，需重视生态环境保护，合理规划旅游线路和设施布局，减少对自然环境的破坏和污染。鼓励长城沿线地区的社区居民参与旅游开发和服务工作，提高他们的收入水平和生活质量，同时注重社区文化的传承和发展，让游客在游览过程中感受到浓厚的社区氛围。政府应出台相关扶持政策，鼓励和支持文体旅融合发展，通过资金补贴和税收优惠等措施降低企业运营成本，激发市场活力，并加强对市场的监管和引导，确保文体旅产业的健康有序发展。

（五）整合资源提升体验

整合资源并突出特色是推动辽宁长城沿线地区文体旅融合发展的关键。首先，整合资源并突出特色是推动辽宁长城沿线地区文体融合发展的关键。首先，可以通过构建跨区域的旅游线路，将辽宁丹东虎山长城与甘肃嘉峪关长城等重要长城段落连接起来，形成具有吸引力的旅游产品。其次可以建设省内长城精品旅游线路，如打造"辽西文化走廊"，将绥中各个长城景区串联，实现规模经营和抱团发展。同时发展夜经济，通过点亮夜长城等创新方式，增加旅游大巴和民宿数量，提升旅游服务设施的智能化水平，如智慧停车场和智慧导览系统，以提高旅游服务的便捷性和效率。

（六）加强营销

为了提升辽宁长城沿线地区的知名度和美誉度，应加大营销宣传力度。利用互联网和社交媒体等多元化营销渠道，加强对辽宁长城沿线地区的宣传，邀请知名博主和网红进行实地探访和直播推广。打造具有地域特色的旅游品牌，如"长城之旅"和"辽宁古韵"，并通过举办旅游节庆活动、参加国内外旅游展会等方式进行品牌推广。同时，注重与周边地区和旅游企业的合作营销，共同推出联合旅游产品，拓宽市场渠道，实现资源共享和互利共赢。

第二节 实证研究

一、研究方法:实地调研、数据分析

(一)实地调研

1. 准备阶段

为了更全面了解辽宁长城沿线文体旅融合情况,本书在撰写时设计了一份详尽的问卷,涵盖了多个重要方面。这些方面包括受访者的基本信息、游览体验、对长城沿线文体旅项目的参与情况、对现有设施和服务的满意度以及对未来发展的建议。在问卷设计过程中,力求使问题简明扼要,避免任何可能引起歧义的措辞,从而确保受访者能够准确理解并回答问题。为确保问卷的科学性和有效性,本问卷在正式发布前选择了一小部分目标人群进行试填,通过收集他们的反馈意见对问卷内容和结构进行优化调整。这一试填与优化过程帮助我们发现并修正了潜在问题,确保最终问卷能够全面、准确地收集到所需信息,为推动辽宁长城沿线文体旅融合发展提供可靠的数据支持。

2. 实施阶段

为了确保问卷的广泛传播与高效收集，笔者采用了线上和线下相结合的发布与宣传策略。在线上，通过多个网络平台发布电子问卷，并充分利用社交媒体如微信、微博等进行宣传。此外，笔者还在旅游论坛上发布问卷信息，吸引旅游爱好者的参与，同时通过电子邮件推送给相关领域的专家、学者以及对辽宁长城沿线文体旅融合发展有兴趣的公众，扩大问卷的覆盖面。通过这些渠道，希望能够有效触达大量潜在受访者，增加问卷的填写率。在线下，笔者重点在辽宁长城沿线的主要景点、游客中心、文化活动场所等地发放纸质问卷。我们安排了专门的工作人员在这些地点向游客发放问卷，并提供必要的说明和帮助，以确保问卷填写的准确性和完整性。通过面对面的交流，工作人员能够及时解答游客的疑问，鼓励更多的人参与调查。

为了确保数据收集的及时性和准确性，我们设立了专门的数据收集团队。该团队负责维护在线问卷系统，及时监测和解决技术问题，确保受访者能够顺利完成问卷。同时，团队还负责线下问卷的回收和整理工作，确保每一份问卷都能及时被录入系统进行分析。

这种线上线下相结合的发布与宣传策略，不仅有效提升了问卷的覆盖面和反馈率，还确保了数据的多样性和代表性。通过多渠道、多形式的推广，本研究能够收集到更全面、更真实的反馈，为辽宁长城沿线文体旅融合发展的研究提供了坚实的数据基础。

（二）数据分析

为了验证调查问卷的质量，笔者采用克朗巴哈系数（Cronbach's Alpha）进行信度分析（见表1），以确保问卷测量的稳定性和一致性；同时，运用抽样适应性检验（Kaiser-Meyer-Olkin，KMO）和巴特利特球形检验（Bartlett's Test of Sphericity）进行效度分析，以评估问卷的有效性和准确性（见表2）。

通过这些分析方法,可以综合判断调查问卷是否具有较好的质量。

表 1 信度分析表

Cronbach's Alpha	项数
0.953	20

表 2 KMO 和 Bartlett 的检验表

取样足够多的 Kaiser-Meyer-Olkin 度量		0.755
Bartlett 球形检验	近似卡方	429.319
	df	81
	Sig.	0.000

由表1和表2可知,预调查结果信度系数为0.953,可信度较高;KMO系数为0.755,大于0.7,说明调查问卷通过效度检验,球形检验P的显著性概率为0.000,表明相关矩阵间有共同因素存在,适合进行因子分析。

同时,笔者运用探索性因子分析得出辽宁长城沿线文体旅融合质量提升模型。探索性因子分析(Exploratory Factor Analysis,EFA)是一项重要的统计技术,用于揭示多元观测变量的本质结构,并进行降维处理。其核心目的是通过数据分析来探究变量之间的潜在关系,将这些错综复杂的变量综合为少数几个核心因子,从而简化数据结构,更深入地理解变量间的内在联系。

在探索性因子分析中,并不依赖于先验的理论或假设,而是完全基于样本数据来进行分析。这种方法假设每个观测变量都受到少数几个潜在因子的影响,这些因子之间可能相互独立,也可能存在某种相关性。通过寻找这些公共因子,可以达到降维的目的,使得数据的分析变得更加简洁和高效。

在进行探索性因子分析之前,需要对数据进行一系列的适用性检验。常用的检验方法包括 KMO 检验和 Bartlett 球形检验。KMO 检验用于评估变量间的相关性强弱,KMO 值越接近于 1,说明变量间的相关性越强,越适合进行因子分析。而 Bartlett 球形检验则用于检验变量间是否存在相关性,当显著性小于 0.05 时,说明变量间存在相关性,适合进行因子分析。

一旦确认数据适合进行因子分析,就可以开始提取公共因子。提取因子的方法有多种,其中常用的包括主成分分析法和最大似然法。这些方法可以根据一定的准则(如特征值大于 1、碎石图拐点等)来提取出对数据具有最重要影响的公共因子。

提取出公共因子后,为了使因子结构更加清晰,通常会对因子进行旋转。旋转的方法也有很多种,其中常用的包括最大方差法和斜交旋转法。通过旋转,可以得到更加直观的因子载荷矩阵,这个矩阵可以反映各个变量对主成分的贡献程度,从而帮助我们更好地理解和解释因子的含义。

最后,需要对提取出的因子进行命名和解释。这是一个非常重要的步骤,因为它可以帮助我们明确每个因子所代表的潜在变量及其实际意义。在命名和解释因子时,需要结合因子载荷矩阵和旋转结果,同时考虑实际情况和理论背景,以确保命名的准确性和解释的合理性。

依据以上流程和问卷预调研时所设定的信度检验准则,对题项进行了严格筛选,最终四个因子呈现出良好的分布状态。它们分别是资源开发与利用、基础设施与配套服务、市场反响与经济效益、可持续发展与环境保护,从而最终获得了辽宁长城沿线文体旅融合质量提升的四因子结构模型。该模型的累计贡献率为 79.208%,具体数据参见表 3。

表3 辽宁长城沿线文体旅融合质量提升的探索性因子分析结果

提取因子与实测变量	均值	方差贡献率/%
资源开发与利用	3.96	21.535
基础设施与配套服务	3.88	19.486
市场反响与经济效益	3.72	18.716
可持续发展与环境保护	3.71	14.471

因此，提升辽宁长城沿线文体旅融合质量，应该从资源开发与利用、基础设施与配套服务、市场反响与经济效益、可持续发展与环境保护四个方面深入推进。

辽宁长城沿线蕴藏着丰富的历史文化、民俗风情等文化资源，以及独特的自然景观和体育活动潜力。为了提升融合质量，我们应进一步深入挖掘这些资源，并将其转化为具有吸引力的文体旅产品。具体而言，我们可以开发以长城为主题的徒步、骑行、摄影等旅游产品，同时融入有地方特色的文化活动，如民俗表演、手工艺术品制作等，以增强游客的体验感和参与度。此外，我们还可以利用长城的历史文化背景，举办文化讲座、历史展览等活动，提升游客的文化素养和旅游体验。

完善的基础设施和配套服务是提升辽宁长城沿线文体旅融合质量的重要保障。为了实现这一目标，我们应加大对长城沿线交通、住宿、餐饮等基础设施的投资力度，提高接待能力和服务质量。具体而言，我们可以建设更多的停车场、公交站点等交通设施，方便游客的出行；同时，提升住宿、餐饮等旅游接待设施的品质，满足游客的基本食宿需求。此外，我们还应注重旅游信息服务的建设，如提供多语种的导览图、电子讲解器等，以方便游客的游览和了解。在公共服务方面，我们应加强紧急救援、医疗等服务的保障措施，确保游客的安全和舒适。

市场反响和经济效益是衡量辽宁长城沿线文体旅融合质量的重要指标。为了提升市场反响和经济效益，我们应通过市场调研、游客反馈等方式，及时了解游客的需求和满意度，以便对产品和服务进行持续改进。具体而言，我们可以定期收集游客的反馈意见，分析游客的需求和偏好，据此调整产品和服务的内容和质量。同时，我们还应注重市场营销策略的制定和实施，提高辽宁长城沿线文体旅产品的知名度和影响力。在经济效益方面，我们应通过合理的定价策略、多元化的收入来源等方式，实现经济效益的最大化。例如，我们可以制定灵活的门票价格政策，吸引更多的游客；同时，开发旅游纪念品、特色餐饮等附加产品，增加收入来源。

在提升辽宁长城沿线文体旅融合质量的过程中，我们应注重可持续发展和环境保护。为了实现这一目标，我们应制定科学合理的规划和管理制度，确保长城及其周边生态环境得到有效保护。具体而言，我们可以制定严格的环境保护政策，限制对长城及其周边环境的破坏行为；加强生态修复和治理工作，恢复和改善生态环境；鼓励当地社区的参与和共管，实现文体旅融合发展与生态环境保护的双赢。在文化传承与创新方面，我们也应注重对传统文化的保护和创新，以保持辽宁长城沿线文体旅产品的独特性和吸引力。例如，我们可以加强对长城历史文化的研究和宣传，提高游客对长城文化的认识和了解；鼓励当地社区和居民参与文体旅融合发展，传承和创新传统文化。

二、构建策略的有效性与可行性验证

笔者运用验证性因子分析来检验由探索性因子分析获得的构想模型对实际观测数据的拟合程度。验证性因子分析（Confirmatory Factor Analysis, CFA）是一种基于统计模型的数据分析方法，它主要用于检验观察数据是否与研究者设定的理论模型相符。这种方法是结构方程模型（Structural

Equation Modeling, SEM）的一种应用，其核心目的是评估和验证因子结构，即观测变量与潜在因子之间的关系。通过 CFA，研究者可以验证和修正测量工具，进一步理解潜在概念的运作方式。

CFA 的分析过程是基于一定的理论或先验知识的。研究者首先根据这些理论或知识提出一个结构模型，该模型描述了潜在变量（latent variables）与观测变量（observed variables）之间的关系，以及这些变量之间的测量误差。CFA 的目标是通过实际数据来检验这个模型是否与数据相符合，从而验证和确认理论模型的合理性。

在进行 CFA 时，研究者需要遵循一系列的分析步骤。首先，根据理论或先验知识设定一个结构模型，明确潜在变量、观测变量及其之间的关系。其次，收集符合模型设定要求的观测数据。再次，使用统计软件（如 LISREL、Amos、EQS、Mplus 等）对模型进行拟合，通过计算一系列拟合指标（如卡方自由度比、GFI、RMSEA、CFI 等）来评估模型与数据的拟合程度。接下来，根据拟合指标的结果评估模型的合理性。如果模型拟合良好，则说明模型与数据相符合，研究者的理论假设得到支持；如果模型拟合不佳，则需要根据具体情况对模型进行修正。最后，根据模型拟合结果和评估结论，对研究结果进行解释和讨论。

CFA 在社会科学、心理学、管理学等领域的研究中具有广泛的应用。它常用于量表效度分析，检验量表的结构效度、聚合效度和区分效度，确保量表的测量准确性和有效性。同时，CFA 也可以用于验证研究者提出的理论模型是否与实际数据相符合，从而支持或修正理论模型。此外，它还可以用于评估潜在变量的内部一致性信度，即潜在变量中各个观测变量之间的相关性程度，以及检验数据是否存在共同方法偏差问题，确保研究结果的可靠性和有效性。

在进行 CFA 时，研究者需要注意一些关键事项。首先，数据准备是关键，

CFA通常要求对量表数据进行分析,且每个因子应对应一定数量的观测变量(一般建议为4~7个)。其次,模型设定的合理性至关重要,模型设定应基于合理的理论和先验知识,避免盲目设定导致模型拟合不佳。此外,在解读拟合指标时,需要综合考虑不同指标的含义和适用范围。最后,当模型拟合不佳时,应根据具体情况对模型进行合理修正,以提高模型的拟合度和解释力。

利用326份数据样本,我们对通过探索性因子分析所获得的构想模型进行了实际观测数据的拟合程度检验。在模型内在结构适配度方面,潜在变量与其对应题项的因子载荷系数介于0.832~0.849之间,达到了显著水平,显示出模型结构的稳健性。此外,量表中的克朗巴哈系数为0.953,表明整体量表具有很高的信度。同时,量表各维度的α值分别为0.869、0.854、0.846、0.837,均表现出较高的内部一致性,进一步证明了本量表具有良好的信度。

在效度检验方面,我们主要采用了收敛效度进行判别。具体判断指标包括平均方差提取值(AVE)和组合信度(CR)。结果显示,"资源开发与利用""基础设施与配套服务""市场反响与经济效益""可持续发展与环境保护"这四个维度的AVE值分别为0.571、0.560、0.534、0.521,均大于0.500的标准值;同时,这四个维度的CR值分别为0.831、0.831、0.824、0.822,也都超过了0.800的阈值。这些数据表明,量表各维度之间具有良好的收敛效度。

测量模型的整体拟合度指标也表现出色:GFI(拟合优度指数)=0.901,AGFI(调整后的拟合优度指数)=0.901,NFI(规范拟合指数)=0.904,CFI(比较拟合指数)=0.929,RMSEA(均方根误差近似值)=0.076。特别值得注意的是,AGFI指标已经达到了最优拟合标准0.900。

综上所述,测量模型展现出了良好的信度和效度,模型的拟合情况是非常好的。

第六章

结论与展望

第一节 研究结论

一、辽宁长城沿线文体旅融合发展的经验与教训

(一)经验

1. 高位规划与政策引导

辽宁省政府在推动文体旅融合发展的过程中,将其置于重要位置,并通过召开全省文旅产业振兴发展大会等举措,明确提出了"打造高品质文体旅融合发展示范地"的目标任务。为此,省政府发布了《辽宁省文旅产业高质量发展行动方案(2023—2025年)》和《辽宁省支持文旅产业高质量发展若干政策措施》,为文体旅融合发展提供了明确的政策导向和实质性的支持。这些政策和方案的出台,不仅为辽宁省文体旅融合发展提供了宏观指导和具体路径,还通过财政支持、税收优惠等具体措施,激发了市场主体的活力和创造力,为文体旅产业的繁荣发展创造了有利条件。

2. 资源整合与业态创新

辽宁省在文体旅融合发展中,充分利用了其丰富的自然资源、深厚的历史文化、独特的红色文化以及璀璨的工业文明等资源。通过资源整合,辽宁

省开发出各类文体旅融合产品,如将体育赛事与文化、旅游、教育、工业、农业、研学等业态相结合,推动了文体旅的协同发展。这种跨界的资源整合和业态创新,不仅丰富了文体旅产品的种类和形式,还提升了产品的品质和吸引力,进一步释放了文体旅融合的发展潜能,为辽宁省的文体旅产业注入了新的活力。

3. 品牌建设与市场推广

辽宁省在文体旅融合发展中,注重品牌建设和市场推广。通过打造一批具有影响力和竞争力的文体旅融合品牌和产品,辽宁省提升了其文旅品牌的知名度和吸引力。同时,通过全媒体主题宣传活动、旅游商品实体店进景区度假区等措施,辽宁省进一步扩大了其文旅品牌的市场影响力。这些品牌建设和市场推广的举措,不仅提升了辽宁省文体旅产业的品牌形象和市场地位,还吸引了更多的游客和投资者关注和支持辽宁省的文体旅产业,为产业的持续发展提供了有力保障。

4. 基础设施与公共服务提升

为了更好地满足游客的需求,辽宁省在文体旅融合发展中加强了旅游基础设施建设和公共服务体系建设。这包括建设公共体育设施、完善旅游交通网络、提升景区接待能力等。这些措施的实施,不仅提升了游客的旅游体验和质量,还增强了辽宁省文体旅产业的竞争力和吸引力。同时,通过提升公共服务水平,如加强旅游信息咨询、完善旅游标识系统等,进一步提升了游客的满意度和忠诚度,为辽宁省的文体旅产业带来了更多的市场机遇和发展空间。

5. 文化与旅游深度融合

辽宁省在推动文体旅融合发展的过程中,特别注重文化与旅游的深度融合。通过整合优质长城文化资源,开展"大美中国 相约长城"等活动,辽宁省让文化成为旅游的灵魂,旅游成为文化的载体。这种深度融合不仅增强了旅游的文化内涵和吸引力,还推动了文化的传承和发展。同时,通过挖掘和展示地方特色文化,如民间艺术、传统手工艺等,进一步丰富了旅游产品的文化内涵和特色,提升了游客的文化体验和认同感,为辽宁省的文体旅产业注入了更多的文化内涵和活力。

(二)教训

1. 重视资源保护与可持续利用

在文体旅融合发展的过程中,辽宁省需要更加注重对文化遗产和自然资源的保护。过去,一些地方可能存在过度开发和不合理利用资源的情况,导致资源被破坏和生态退化。这种短视的行为不仅损害了当地的生态环境和文化遗产的完整性,还影响了文体旅产业的长期发展。因此,未来辽宁省需要更加注重资源的可持续利用,通过制定科学合理的规划和管理制度,确保文体旅产业的发展与资源保护相协调,实现文体旅融合发展的长期可持续性。

2. 严格匹配市场需求与产品供给

在开发文体旅融合产品时,辽宁省需要更加深入地了解市场需求和游客偏好。过去,可能存在一些产品供给与市场需求不匹配的情况,导致产品滞销或游客满意度不高。这种供需不匹配的问题不仅浪费了资源,还影响了游客的体验和满意度。因此,未来辽宁省需要更加注重市场调研和需求分析,通过深入了解游客的需求和偏好,开发出更加符合市场需求的文体旅产品,提高产品的市场竞争力和游客满意度。

3. 注重区域协同与利益共享

辽宁长城沿线的文体旅融合发展需要注重区域协同和利益共享。过去,可能存在一些地区之间缺乏协同合作和资源共享的情况,导致资源浪费和区域发展不平衡。这种区域间的壁垒和分割既影响了文体旅产业的协同发展,也损害了各地区的共同利益。因此,未来辽宁省需要加强跨区域合作和资源共享，通过建立健全区域合作机制和利益共享机制，推动文体旅产业链上下游的协同发展，实现区域经济的共同繁荣和利益最大化。

4. 科技与创新的引领作用

在推动文体旅融合发展的过程中，辽宁省需要充分发挥科技和创新的引领作用。过去，可能存在一些地区或企业缺乏科技创新投入的情况，导致文体旅产品缺乏竞争力和创新性。这种缺乏创新的情况不仅影响了文体旅产业的发展速度和质量，还减弱了其竞争力。因此，未来辽宁省需要加大科技创新投入力度，通过引入高科技手段和创新思维，提升文体旅产品的科技含量和附加值，推动文体旅产业向更高水平发展。同时，还需要注重人才培养和引进，为文体旅产业的创新发展提供有力的人才保障。

5. 社区参与与民众受益

在文体旅融合发展的过程中，辽宁省还需要更加注重社区参与和民众受益。过去，可能存在一些项目或活动缺乏社区参与和民众受益的情况，导致社会认可度不高和民众参与度低。这种缺乏社区参与和民众受益的情况不仅影响了文体旅产业的社会影响力，还损害了其发展的可持续性。因此，未来辽宁省需要更加注重社区参与和民众受益，通过建立健全社区参与机制和民众受益机制，让文体旅融合发展成果更好地惠及广大民众，增强社会认可度和民众参与度。同时，还需要积极引导和鼓励社区居民参与文体旅产业的发展，共同推动当地经济的繁荣和社会的发展。

二、促进文体旅融合发展的建议

为了全面且深入地促进文体旅融合发展，以下是一些更为详尽且具体的对策建议。

在政策引导与规划制定方面，政府应发挥核心的主导作用，制定高位且具有前瞻性的文体旅融合发展规划。这一规划不仅应明确长期和短期的发展目标,还应详细列出重点任务和具体的保障措施,确保文体旅融合发展有明确的方向和可行的路径。为了实现这一目标,政府需要出台一系列扶持政策,如财政补贴、税收优惠、土地优惠等,以减轻企业的经济负担,激发市场主体的活力和创造力。同时,政府还应建立健全法规体系,明确各参与主体的权利与义务,规范市场秩序,保障消费者权益,为文体旅融合发展提供良好的法治环境。此外,政府还应设立专门的机构或部门,负责文体旅融合发展的规划、协调、监督和服务工作,确保各项政策和措施得到有效执行。

在资源整合与业态创新方面,各地应深入挖掘和充分利用自身的自然资源、历史文化资源、体育设施等资源。通过跨界整合,可以将这些资源转化为具有地方特色的文体旅融合产品。例如,可以将体育赛事与当地的文化旅游、教育、工业、农业等业态相结合,开发出新型的文体旅产品,如体育旅游线路、文化体育赛事等。为了实现这一目标,各地需要建立资源共享机制,促进不同部门、不同行业之间的资源共享和合作。同时,鼓励和支持文体旅产业与其他产业,如文化创意、科技、教育等产业相结合,拓展文体旅产业的广度和深度,形成多元化的产业格局。

在业态创新方面,可以积极运用大数据、云计算、人工智能等现代信息技术,提升文体旅产品的科技含量和智能化水平。例如,开发智能导览系统、虚拟现实体验项目等,增强产品的吸引力和竞争力。此外,还可以探索新的商业模式和营销方式,如线上线下融合、定制化服务等,以满足不同游客的多元化需求。

在品牌建设与市场推广方面,品牌是文体旅产业的核心竞争力之一。因此,各地应积极打造一批具有影响力和竞争力的文体旅品牌。通过品牌效应,可以提升区域文体旅产业的知名度和美誉度,吸引更多游客前来体验。为了实现这一目标,各地需要加大品牌建设的投入力度,提升品牌的质量和形象。

同时，加大市场推广力度也是必不可少的。可以利用线上线下多种渠道进行宣传推介，如举办文体旅节庆活动、体育赛事、文化展览等。通过与知名旅游平台、社交媒体等合作，可以扩大文体旅产品的市场影响力，吸引更多潜在游客。此外，还可以利用大数据和人工智能技术进行精准营销和个性化推广，提高市场推广的效率和效果。

在提升基础设施与公共服务水平方面，基础设施和公共服务是文体旅产业发展的基础保障。因此，各地应加强文体旅基础设施建设，如完善交通网络、提升住宿设施、改善餐饮设施等。这将有助于提升游客的旅游体验，增强满意度和忠诚度。为了实现这一目标，各地需要加大基础设施建设的投入力度，提高基础设施的质量和水平。同时，完善公共服务体系也是关键。可以提供旅游信息咨询、设置完善的旅游标识系统、加强旅游安全保障等。这将有助于提高游玩的便利性和安全感，进一步推动文体旅产业的发展。此外，还可以探索建立公共服务与私人服务相结合的服务体系，提高服务的多样性和灵活性。

在注重文化保护与传承方面，文体旅融合发展不应忽视对文化遗产的保护和传承。各地应制定科学合理的保护规划和管理制度，确保文化遗产的完整性和可持续性。在开发文体旅产品时，应注重将文化元素融入其中，提升产品的文化内涵和吸引力。例如，可以挖掘和展示地方特色文化，如民间艺术、传统手工艺等。这将有助于增强游客的文化体验和认同感，进一步推动文体旅产业的融合发展。为了实现这一目标，各地需要加强对文化遗产的保护和管理，提高文化遗产的保护水平和传承能力。同时，还可以探索将文化遗产保护与旅游开发相结合的新模式和新机制，实现文化遗产的可持续利用和发展。

在强化区域协同与利益共享方面，文体旅融合发展需要跨区域的合作与协同。因此，各地应加强合作与协同，共同推动文体旅产业链上下游的协同发展。例如共同开发跨区域的文体旅产品、共同举办文体旅活动、共同推广文体旅品牌等。这将有助于实现资源共享、优势互补,推动文体旅产业的协同发展。为了实现这一目标,各地需要建立跨区域合作机制和利益共享机制,促进不同区域之间的合作和交流。同时,还可以探索建立跨区域文体旅产业联盟或协会等组织,加强行业自律和协同发展。此外,在利益共享方面,可以建立合理的利益分配机制,确保各方都能够获得相应的回报和收益。这将有助于激发各参与主体的积极性和创造力,进一步推动文体旅产业的融合发展。

在人才培养与引进方面,文体旅融合发展需要高素质的人才支撑。因此,各地应依托高校和培训机构等资源,加强文体旅融合发展所需人才的培养。可以开设相关课程、举办培训班等,提升从业人员的专业素质和技能水平。同时,积极引进国内外优秀的文体旅人才和管理团队也是关键。可以通过提供优厚的待遇和良好的工作环境,吸引更多优秀人才加入到文体旅产业中。为了实现这一目标,各地需要加大对人才培养和引进的投入力度,提高人才培养的质量和水平;还可以探索建立人才培养与引进的激励机制和保障机制,确保人才的稳定和持续发展。此外,可以加强与高校和科研机构的合作与交流,共同推动文体旅融合发展所需人才的培养和研究工作。

第二节 展望未来

一、辽宁长城沿线文体旅融合发展的前景与趋势

展望辽宁长城沿线文体旅融合发展的前景与趋势，我们可以看到一幅充满希望与活力的画卷正在徐徐展开。这不仅是一个地域经济的转型与升级，更是一场文化与旅游的深度融合，一首科技与传统的交响乐章。

第一，在政策引领与规划先行方面，辽宁省政府对于文体旅融合发展的重视程度不断提升，出台了一系列扶持政策，为长城沿线的文体旅融合发展提供了坚实的政策保障。这些政策不仅涵盖了财政补贴、税收优惠等经济激励措施，还包括了土地、人才等多方面的支持。政策的出台，为长城沿线的文体旅项目提供了更加宽松和有利的发展环境，激发了社会各界的投资热情和创新活力。未来，随着政策的持续深化和落实，长城沿线的文体旅项目将获得更多实质性的帮助，推动融合发展迈上新台阶。同时，政府还将制定科学合理的规划，明确长城沿线文体旅融合发展的目标和路径，确保各项工作有条不紊地推进。规划将注重长城沿线地区的资源整合、业态创新、品牌建设等，形成具有鲜明地方特色和强大市场竞争力的文体旅融合发展格局。

第二，在资源整合与业态创新方面，长城沿线地区拥有丰富的自然资源和历史文化资源，这些资源是文体旅融合发展的宝贵财富。未来，这些资源将得到进一步整合和利用，通过跨界融合的方式，开发出具有吸引力的文体旅产品。例如，可以将长城徒步、自行车赛等体育赛事与旅游线路相结合，打造独特的体育旅游产品；还可以利用虚拟现实技术，打造沉浸式的文化体验项目，让游客在虚拟世界中感受长城的雄伟与壮丽。这些创新业态将极大地提升长城沿线地区的旅游吸引力，为游客提供更加丰富、多元的旅游体验。同时，我们还将注重旅游产品的文化内涵和特色打造，形成一批具有独特魅力和市场竞争力的文体旅融合产品，满足游客日益多样化的旅游需求。

第三，在品牌建设与市场推广方面，长城作为中华民族的象征之一，具有极高的知名度和美誉度。辽宁将充分利用这一品牌效应，打造一批具有影响力的文体旅品牌。这些品牌将注重突出长城沿线的特色文化、自然风光和民俗风情等元素，形成独特的品牌形象。同时，辽宁还将通过线上线下多种渠道进行市场推广，扩大长城沿线文体旅产品的市场影响力。可以预见，在未来的市场推广中，长城沿线的文体旅产品将成为辽宁旅游的金名片，吸引更多的游客前来参观和体验。辽宁将通过举办各类节庆活动、体育赛事和文化展览等吸引游客的关注和参与；加强与知名旅游平台、社交媒体等的合作与联动，提高市场推广的效率和效果；注重市场细分和精准营销，针对不同游客群体的需求和偏好制定个性化的推广策略和产品组合，以满足不同游客的多样化需求。

第四，在区域协同与利益共享方面，长城沿线地区将加强跨区域合作与协同，共同推动文体旅产业链的协同发展。通过资源共享、优势互补和利益共享等方式，实现区域间的共赢发展。这种协同发展的模式将有助于打破地域限制，推动长城沿线地区的整体繁荣。同时，建立合理的利益分配机制也是确保各参与主体积极性的关键。通过明确的利益分配机制，可以确保各参与主体在文体旅融合发展过程中能够获得相应的回报和收益，从而激发其积极性和创造力。通过保障当地居民和社区的权益和利益，实现旅游发展与社区发展的良性互动和共赢。通过加强区域间的合作与协同，共同推动长城沿线文体旅产业的繁荣发展。

第五，在科技赋能与智慧旅游方面，随着科技的发展和应用，长城沿线的文体旅项目将更加注重科技赋能。通过运用大数据、云计算、人工智能等现代信息技术手段，可以提升旅游服务的智能化水平和游客体验。例如，可以开发智能导览系统为游客提供个性化的旅游线路规划；还可以利用虚拟现实技术打造沉浸式的文化体验项目等。这些科技的应用将使长城沿线的文体旅产品更加具有吸引力和竞争力。同时，推动长城沿线地区智慧旅游建设也是未来发展的重点之一。通过建立智慧旅游平台、推广电子门票和移动支付等方式，可以提高旅游服务的便捷性和安全性；需要注重旅游数据的收集和分析工作，为政府决策提供科学依据。通过科技赋能和智慧旅游的发展，可以为游客提供更加便捷、高效和个性化的旅游服务，提升长城沿线地区的旅游品质和竞争力。

第六，在可持续发展与文化传承方面，在推动长城沿线文体旅融合发展的过程中，辽宁将始终注重生态环境的保护和可持续发展。通过合理规划、科学管理和严格监管等方式，确保旅游活动对生态环境的影响降到最低限度。辽宁将注重旅游资源的节约和循环利用，推动绿色旅游和低碳旅游的发展。同时，注重长城文化的传承和弘扬。通过举办各类文化活动、展览和演出等，可以增强游客对长城文化的认识和了解，从而推动长城文化的传承和发展。辽宁将注重当地民俗风情和非物质文化遗产的保护和传承，推动长城文化与当地文化的融合与创新。这将有助于丰富长城沿线地区的文化内涵和旅游产品的多样性，提升游客的文化体验和认同感。通过这种可持续发展的模式，可以确保长城沿线的文体旅融合发展能够长期、稳定地进行下去，为当地经济社会的持续发展注入新的动力。

综上所述，辽宁长城沿线文体旅融合发展的前景广阔，趋势明显。在政策引领与规划先行、资源整合与业态创新、品牌建设与市场推广、区域协同与利益共享、科技赋能与智慧旅游以及可持续发展与文化传承等多个方面，我们都将看到一系列积极的变化和发展。这些变化和发展将为长城沿线的文体旅产业带来新的机遇和挑战，也将为游客带来更加丰富、多元和高质量的旅游体验。我们有理由相信，在未来的日子里，辽宁长城沿线的文体旅融合发展将取得更加显著的成果，为当地经济社会的繁荣发展做出更大的贡献。同时，我们也期待更多的人能够参与到这一伟大的事业中来，共同见证和推动长城沿线文体旅融合发展的美好未来。

二、在新时代"六地"精神指引下实现更高质量的发展

在新时代，"六地"精神作为引领发展的重要指南，为辽宁长城沿线文体旅融合发展指明了实现更高质量发展的方向和路径。这一精神强调了创新、协调、绿色、开放、共享的发展理念，为辽宁长城沿线地区的文体旅融合发展提供了新的思路和动力。要在这一精神指引下实现更高质量的发展，须从多个方面进行深入探讨和实践。

首先，要深刻理解"六地"精神的内涵和实质，明确其在新时代背景下的重要意义。这不仅要求在理论上进行深入学习，更要在实践中不断体悟和践行，将"六地"精神转化为推动高质量发展的强大动力。对于辽宁长城沿线文体旅融合发展而言，"六地"精神提供了重要的指导思想。其中，创新是引领发展的第一动力，我们要在文体旅融合发展中注重创新，推动产业升级和业态创新，打造具有独特魅力的文体旅产品，提高市场竞争力；协调是持续健康发展的内在要求，要注重文体旅各要素之间的协调发展，形成良性

互动的产业格局，推动旅游业与其他产业的深度融合；绿色是永续发展的必要条件和人民对美好生活追求的重要体现，要在发展中注重生态环境保护，推动绿色旅游和可持续发展，确保旅游活动对生态环境的影响降到最低限度；开放是国家繁荣发展的必由之路，要以更加开放的姿态走向世界，加强与国际先进地区的交流合作，引进优质资源和技术，提升辽宁长城沿线文体旅发展的国际化水平；共享是中国特色社会主义的本质要求，要让文体旅融合发展的成果惠及广大人民群众，提高人民群众的生活质量和幸福感，通过提供更多的就业机会、改善基础设施、提升公共服务水平等，让人民群众共享文体旅融合发展的红利。

第二，要紧密结合辽宁长城沿线的实际情况，将"六地"精神与具体的发展策略和实践相结合。辽宁长城沿线地区拥有丰富的自然资源和历史文化资源，这是文体旅融合发展的宝贵财富。然而，如何将这些资源转化为经济优势和发展动力，是需要深入思考和解决的问题。要深入分析辽宁长城沿线的资源禀赋、产业基础、文化底蕴等实际情况，找准发展的突破口和着力点。在资源整合方面，要注重文体旅各要素之间的融合与互补。可以通过开发具有地方特色的文化旅游产品、举办文体赛事和活动等方式，将长城的文化内涵与旅游、体育等产业相结合，形成具有鲜明地方特色和强大市场竞争力的融合发展格局。在业态创新方面，要推动传统旅游业的转型升级。可以开发一些创新的文体旅融合产品，为游客提供更加丰富、多元的旅游体验。同时，要加强旅游基础设施建设，提高旅游服务质量，为游客提供更加便捷、舒适的旅游环境。

第三，在推动辽宁长城沿线文体旅融合发展的过程中，科技创新的应用也是至关重要的。要充分利用现代信息技术手段，如大数据、云计算、人工智能等，提升旅游服务的智能化水平和游客体验。例如，通过大数据分析游客的行为和需求，为旅游企业提供更加精准的营销策略和服务方案等。这些科技的应用将使辽宁长城沿线的文体旅产品更加具有吸引力和竞争力。

第四，要注重开放合作，积极融入全球发展大局。在"六地"精神的指引下，我们要以更加开放的姿态走向世界，加强与发达国家和地区的交流合作。通过引进优质资源和技术，可以提升辽宁长城沿线文体旅发展的国际化水平，推动其与国际接轨。可以与国际知名的旅游机构、文化企业等开展合作，共同开发具有国际影响力的文体旅产品；举办国际性的文体赛事和活动，吸引更多的国际游客前来参观和旅游；加强与国际旅游市场的对接，推动辽宁长城沿线地区的旅游产品和服务走向国际市场等。通过这些措施的实施，可以进一步拓展辽宁长城沿线地区的国际影响力，提升其在国际旅游市场中的竞争力。

第五，在推动辽宁长城沿线文体旅融合发展的过程中，要注重生态环境的保护和可持续发展。要坚持绿色发展理念，确保旅游活动对生态环境的影响降到最低。通过合理规划旅游线路和活动区域、加强生态环境保护和管理、推广绿色旅游产品和服务等方式，我们可以实现旅游发展与生态环境保护的良性循环。

最后，要坚持以人为本的发展理念，让辽宁长城沿线文体旅融合发展的成果惠及广大人民群众。这意味着我们要在发展中注重民生改善，提高人民群众的生活质量和幸福感。除了之前提到的提供更多的就业机会、改善基础设施、提升公共服务水平等措施外，我们还要关注游客的需求和体验。可以通过提供高质量个性化的旅游服务、加强旅游市场监管和维权服务等方式，让游客在辽宁长城沿线地区留下美好的回忆。同时，我们也要注重当地居民的生活质量和幸福感提升，通过改善居住环境、提供文化娱乐设施、加强社会保障等方式，让当地居民共享文体旅融合发展的红利。此外，要注重人才培养和引进。文体旅融合发展需要高素质的人才支持，可以通过与高校和研究机构合作、开展培训和交流活动等方式，培养更多的专业人才和管理人才。

同时，要注重引进国内外优秀人才和团队，为辽宁长城沿线地区的文体旅融合发展注入新的活力和动力。

综上所述，在新时代"六地"精神指引下实现辽宁长城沿线文体旅融合更高质量的发展是一项系统工程，需要从多个方面进行深入探讨和实践。要深刻理解"六地"精神的内涵和实质，紧密结合辽宁长城沿线的实际情况，注重科技创新和开放合作，坚持绿色发展理念和以人为本的发展理念。通过这些措施，可以为辽宁长城沿线文体旅融合发展注入新的动力和活力，推动其实现更高质量、更可持续的发展。同时，要不断探索和创新，在实践中不断总结经验教训，为辽宁长城沿线文体旅融合发展的美好未来贡献智慧和力量。

结束语

本书对辽宁长城沿线文体旅融合发展示范地进行了全面而深入的研究，旨在为这一独特区域的文体旅融合发展提供理论支撑和实践指导。在研究过程中，我们深刻体会到辽宁长城沿线地区所蕴含的丰富自然资源和深厚历史文化底蕴，为文体旅融合发展提供了宝贵源泉和不竭动力。

在新时代的背景下，辽宁紧密结合"六地"精神，深入贯彻创新、协调、绿色、开放、共享的发展理念，对长城沿线的资源禀赋、产业基础、文化底蕴等进行了系统性的分析，提出了一系列具有针对性和可操作性的发展策略和实践路径，旨在推动该地区的文体旅融合发展实现更高质量、更可持续的进步。

本书的研究不仅注重理论探索，更强调实践应用。我们深入探讨了资源整合、业态创新、科技创新、开放合作、生态环境保护以及民生改善等多个方面，旨在为辽宁长城沿线文体旅融合发展提供全面的指导和支持。同时提出了一系列具体的措施和建议，以期在实践中推动这些理念的落地和实施。

通过本书的研究，我们更加坚信，辽宁长城沿线地区在文体旅融合发展方面具有巨大的潜力和广阔的前景。只要我们能够充分发挥各方优势和特色，积极探索和实践新的发展模式和路径，就一定能够打造出具有国际影响力的文体旅融合发展示范地。

最后，要感谢给予我们大力支持和帮助的领导、专家和学者们。正是有了你们的鼎力相助和无私奉献，本书才得以顺利完成。在未来的日子里，我们将继续携手前行，共同为辽宁长城沿线文体旅融合发展示范地的建设和发展贡献我们的智慧和力量。

参考文献

[1] 程文生. 辽宁省建平县境内的古长城 [J]. 美与时代（城市版），2015（08）：19-20.

[2] 陈佳敏. 从长城的历史演变看中华民族共同体意识的形成与发展 [J]. 天水行政学院学报，2023，24（04）：103-107.

[3] 吕东珂，张晓飞. 辽宁长城多元化文旅发展路径研究——以长城国家文化公园建设为契机 [J]. 辽宁经济.

[4] 冯永谦，何溥滢. 辽宁古长城 [M]. 沈阳：辽宁人民出版社，1986.

[5] 张百霞. 长城抗战遗址文化价值与利用研究 [J]. 传媒论坛，2020，3（02）：16-17.

[6] 郭瑾. 辽宁海洋与内陆旅游文化产业一体化发展研究 [D]. 辽宁师范大学，2011.

[7] 在习近平新时代中国特色社会主义思想指引下——牢记嘱托　改革创新　求真务实　奋力谱写中国式现代化湖南篇章　加强和改进党的建设 [J]. 新湘评论，2024（13）：4.

[8] 习近平主持召开新时代推动东北全面振兴座谈会强调：牢牢把握

东北的重要使命　奋力谱写东北全面振兴新篇章[J].党的生活（黑龙江），2023（09）：10-13.

[9] 史永菲.推动文旅融合　构建文旅生态圈[J].长治学院学报，2022，39（01）：23-25.

[10] 李迎秋，董志勇，王亮."一带一路"背景下沈阳都市圈建设路径研究[J].城市住宅，2020，27（11）：61-64.

[11] 郝春明.辽宁红色文化及其教育意义[J].辽宁开放大学学报，2022（04）：1-5.

[12] 于登玺.大连市文旅产业融合创新发展价值意蕴与实践路径[J].海峡科技与产业，2023，36（10）：77-81.

[13] 曹鑫鑫，曹福存，闫立江.辽宁辽河流域古村落空间分布特征研究[J].绿色科技，2020，（05）：4-5+9.

[14] 张莹.辽宁省旅游地产发展制约因素与对策研究[D].沈阳建筑大学，2016.

[15] 方雅贤，冯科翰.基于SWOT分析的辽宁文化旅游发展对策[J].辽宁经济，2015（07）：38-40.

[16] 张彤，徐丹.辽宁文化旅游开发研究[M].沈阳：辽宁科学技术出版社，2018.

[17] 陈瑞敏，马晓君，刘艳.辽宁省区域旅游业发展及其驱动因素分析[J].东北财经大学学报，2019（06）：88-95.

[18] 陈刚.辽宁沿海经济发展的优势问题研究[D].大连理工大学，2008.

[19] 蒋存祺.辽宁省文化产业发展对策研究[D].辽宁师范大学，2014.

[20] 赵超伟.东北三省数字经济发展水平评价及对经济增长的影响研究[D].吉林大学，2022.

[21] 王珂.沉浸式文旅，新体验激发新活力[N].人民日报，2023-08-19

（06）.

[22] 鲍彩莲. 辽宁省旅游业发展状况及趋势 [J]. 辽宁经济，2009（10）：66-67.

[23] 李平. 文旅融合背景下中国智慧博物馆建设研究 [D]. 河南大学，2021.

[24] 陈艳珍，张虹薇. 辽宁旅游文化 [M]. 沈阳：春风文艺出版社，2012.

[25] 何圳泳. 涞源县明长城军事防御体系研究 [D]. 河北大学，2016.

[26] 李德梅. 葫芦岛，有一段曾经被遗忘的长城 [J]. 兰台世界，2021（04）：129-131.

[27] 霍丹. 辽东古驿道文化遗产整体性保护研究 [D]. 大连理工大学，2019.

[28] 周庆富. 国家文化公园 40 讲 [M]. 北京：中国旅游出版社，2022.

[29] 薛恒，赵连生. 中国最美的边境城市——丹东 [N]. 辽宁日报，2008-08-05（08）.

[30] 王洪飞，郑少南，盛云. 辽宁红色旅游 [M]. 大连：大连海事大学出版社，2006.

[31] 赵倩. 辽宁省林业生态环境建设现状、任务及其整治措施 [J]. 现代园艺，2020，43（01）：114-115.

[32] 林峰. 如何打造夜间文旅地产消费聚集区 [J]. 中国房地产，2021（32）：43-49.

[33] 徐仁立. 中国红色旅游研究 [M]. 北京：中国言实出版社，2020.08.

[34] 席晓喆. 建设国家公园 提升文旅品质 关于对武威长城保护利用的思考 [J]. 发展，2022（05）：56-59.

[35] 杨亚楠，张汪洋，张孟原. 文体旅产业融合推动乡村振兴的价值审视与实施路径 [J]. 文体用品与科技，2023（14）：82-84.

[36] 王丽娟,高丽敏.新时期我国文旅产业融合发展政策回顾与演进分析——基于2009—2021年32项重要政策的梳理[J].时代经贸,2023,20(08):32-35.

[37] 丰勇.辽宁明长城测量数据处理与汇总[J].测绘与空间地理信息,2012,35(05):61-65.

[38] 靳颖.辽宁古长城及其旅游开发[J].辽宁教育学院学报,1997(04):40-42.

[39] 苏宗侠.辽宁境内的古长城遗址[J].紫禁城,1982(02):42+15.

[40] 张柏.中国长城志 遗址遗存 下[M].南京:江苏凤凰科学技术出版社,2016.08.

[41] 董耀会.长城文化经济带建设研究[M].秦皇岛燕山大学出版社,2021.05.

[42] 王金梅.浅谈长城文化内涵的阐释与呈现——以《碰撞·融合——长城文化展》为例[J].文物世界,2020(04):66-68.

[43] 蔡超.长城文化景观分区研究[J].中国文化遗产,2024(03):22-30.

[44] 程瑞芳,徐灿灿.长城文化旅游带空间结构布局及发展策略研究[J].经济与管理,2022,36(01):58-64.

[45] 冯清华,卢颖.长城文化中的民族精神传承[J].人民论坛,2017(25):138-139.

[46] 吕俊芳.辽宁沿海经济带"全域旅游"发展研究[J].经济研究参考,2013(29):52-56+64.

附 录
辽宁长城沿线文体旅融合质量提升调查

感谢您抽出宝贵时间参与本次问卷调查。我们正在进行一项关于辽宁长城沿线文体旅融合质量提升的研究。您的反馈将为我们提供宝贵的意见,帮助我们制定更加有效的策略和措施,以推动辽宁长城沿线文化、体育和旅游的深度融合,提升整体发展质量。请您根据实际情况认真填写,我们将严格保密您的个人信息,仅用于本次研究目的。

再次感谢您的参与与支持!

1. 您认为辽宁长城沿线现有的文化资源是否得到了有效的开发和利用?

○ 非常有效

○ 比较有效

○ 一般

○ 无效

2. 您对辽宁长城沿线的体育资源(如自然环境、运动设施)的开发现状有何评价?

○ 非常满意

○ 满意

○ 一般

○ 不满意

3. 您认为应该如何提高辽宁长城沿线文化资源的利用率？

○ 增加文化活动和展览

○ 加强对文化遗产的保护

○ 发展文化创意产业

○ 其他（请具体说明）＿＿＿＿＿＿

4. 您对现有的体育资源开发有何改进建议？

○ 增加体育设施建设

○ 提供更多的运动项目选择

○ 加强与其他产业的融合

○ 其他（请具体说明）＿＿＿＿＿＿

5. 您认为辽宁长城沿线的旅游资源开发是否能满足游客的需求？

○ 非常满足

○ 比较满足

○ 一般

○ 不满足

6. 您对辽宁长城沿线的旅游基础设施（如停车场、厕所、指示牌等）的满意度如何？

○ 非常满意

○ 满意

○ 一般

○ 不满意

7. 您认为现有的交通配套服务（如公共交通、道路指引等）是否方便游客使用？

   ○ 非常方便

   ○ 较为方便

   ○ 一般

   ○ 不方便

8. 您对辽宁长城沿线的住宿条件（如酒店、民宿）的满意度如何？

   ○ 非常满意

   ○ 满意

   ○ 一般

   ○ 不满意

9. 您是否认为应增加对旅游信息的数字化服务（如手机应用、在线导览）？

   ○ 强烈建议

   ○ 建议

   ○ 中立

   ○ 不建议

10. 您对目前的餐饮服务（如餐厅、快餐店）的质量和多样性有何看法？

    ○ 非常好

    ○ 较好

    ○ 一般

    ○ 较差

11. 您认为辽宁长城沿线的文体旅融合项目对当地经济的影响如何？

    ○ 非常积极

    ○ 比较积极

○ 一般

○ 不积极

12. 您对辽宁长城沿线的文体旅项目是否产生了经济效益的预期？

○ 高预期

○ 中等预期

○ 低预期

○ 无预期

13. 您认为文体旅融合的推广是否带动了相关产业的发展（如零售、餐饮、住宿等）？

○ 极大带动

○ 一定程度带动

○ 少量带动

○ 无带动

14. 您对辽宁长城沿线文体旅项目的市场营销策略（如广告、宣传）满意吗？

○ 非常满意

○ 满意

○ 一般

○ 不满意

15. 您认为应该采取哪些措施以进一步提升文体旅融合项目的市场吸引力？

○ 增强品牌宣传

○ 提供优惠活动

○ 扩大合作伙伴网络

○ 其他（请具体说明）_____

16. 您对长城沿线旅游开发中的环境保护措施（如垃圾处理、生态修复）的满意度如何？

　　○ 非常满意

　　○ 满意

　　○ 一般

　　○ 不满意

17. 您是否支持在文体旅项目中增加环保教育和可持续发展宣传？

　　○ 强烈支持

　　○ 支持

　　○ 一般

　　○ 不支持

18. 您认为如何平衡文体旅开发与环境保护的关系？

　　○ 增加环保设施建设

　　○ 实施严格的环境保护法规

　　○ 进行环境影响评估和监测

　　○ 其他（请具体说明）＿＿＿＿＿＿

19. 您对未来辽宁长城沿线文体旅项目的可持续发展有何期待或建议？